安徽财经大学服务安徽经济社会发展系列研究报告

安徽农村普惠金融发展研究报告 2017

张庆亮　任森春　王刚贞　等著

合肥工業大學出版社

编 委 会

主 任 丁忠明 周加来

副主任 张会恒 盛明泉

委 员 （以姓氏笔画为序）

丁 进 丁忠明 邢孝兵 任森春

李 刚 李 强 张庆亮 张会恒

张焕明 余华银 周加来 周泽炯

经庭如 胡登峰 秦立建 盛明泉

安徽财经大学科研工作始终坚持立足安徽做学问、服务安徽出成果，特别重视立足地方和行业需求构建多层次智库平台。2009年，为了更好地服务合芜蚌综合配套改革试验区的建设，我校成立了合芜蚌自主创新与区域经济发展研究中心；2010年，为了更好地服务安徽省委、省政府的重大决策，更多更快地获取政策信息，成立了合肥研究院；2011年，为了服务“振兴皖北”的发展战略，成立了皖北发展研究院；2012年，为了服务安徽宏观运行和发展战略，成立了校级安徽经济预警运行与发展战略协同创新中心，2014年，该中心被批准为省级协同创新中心；2013年底，为增强科研与社会服务能力，主动服务安徽经济社会发展，我校成立了安徽经济发展研究院；2014年，成立了现代服务业研究中心和徽商研究中心等智库建设平台；2015年，我校依托安徽经济社会发展研究院申报的“安徽经济社会发展研究中心”项目获准安徽省教育厅智库项目立项建设。这些平台优化了资源配置，聚合了科研力量，鼓励和引导教师围绕安徽省委、省政府的重大发展战略选题，深入研究安徽经济社会发展中的重点、热点和难点问题，着力破解制约安徽经济社会发展的重大理论和现实问题，为学校建设特色鲜明的地方高水平财经大学提供了有益的智力支持，并取得了较为丰硕的成果、积累了丰富的经验。

近年来，安徽经济发展研究院围绕安徽经济社会发展中的重大理论与实践问题以及相关学科发展前沿问题，采取专兼职结合的方式吸纳各方专家和学者组成研究团队，通过拓展成果转化的渠道，为安徽省政府部门及企业提供政策建议和决策咨询服务。研究院在安徽经济运行与发展战略、发展规划与政策评价、淮河流域资源与环境等方面已形成系列研究成果和一定影响，力争成为安徽重要的财经智库。

一是安徽经济发展研究院成功入选安徽省十大重点智库。为加快推进安徽省新型智库建设，着力打造一批党政急需、特色鲜明、制度创新、引领发展的专业化高端智库，根据中共安徽省委办公厅、安徽省人民政府办公厅《关于加强安徽新型智库建设的实施意见》精神，安徽省委宣传部开展了安徽省重点智库和重点培育智库评选工作。经过单位申报、专家评审，评选出省重点智库10家，省重点培育智库5家，我校安徽经济发展研究院被评为安徽省重点智库。该智库重点围绕安徽省经济社会发展的重大问题和重要决策，聚焦安徽区域经济、产业发展、财政金融、精准扶贫、生态环境、公共管理、创新创业及民营经济、对外开放等重点研究领域，为安徽省委、省政府和相关政府部门科学决策提供咨询服务。

二是安徽经济发展研究院成功入围中国智库索引首批来源智库，并获大学智库指数排名普通高校第一名。中国智库索引（CTTI）来源智库名录是从全国2000多家智库机构评审出489家，包含党政部门智库、社科院智库、党校行政学院智库、高校智库、军队智库、科研院所智库、企业智库、社会智库、传媒智库九大类。其中，CTTI大学智库指数分“985”高校、“211”高校和普通高校三类，我校在普通高校排名中位居首位。此次评比结果既肯定了我校智库建设的成绩，也为今后的智库建设指明了方向，将会对我校的学术声誉和服务社会能力起到积极的促进作用。

三是安徽经济发展研究院精准扶贫研究取得系列成果。安徽省政协邀请我校智库派4人参加安徽省委、省政府、省政协重点协商课题“坚决打赢脱贫攻坚战”课题组。为此，我校选派和组织师生组成17个调研组对安徽省部分县区脱贫攻坚工作进行了专题调研；应省扶贫办的委托，我校组织有关老师和学生承担了全省脱贫攻坚第三方评估皖北15个县市的评估任务，评估报告受到省扶贫办的充分肯定；首次接受省扶贫开发工作领导小组的安排，我校组织850余名师生完成脱贫监测评估工作；此外，四篇扶贫政策建议获得省领导批示；特别是因在精准扶贫研究上取得系列成果，在省政协“坚决打赢脱贫攻坚战”专题协商会上，我校3篇政策建议在大会上作了交流。

安徽经济发展研究院公开出版发行的我校服务地方经济社会发展的研究报告——《安徽经济发展报告》已连续发布12年，每年在合肥举办系列研究报告新闻发布会，安徽省委、省政府相关部门及部分省属高校的领导专家出席，国家、省、市40多家媒体进行了跟踪报道。通过十多年连续发布，系列研究报告在省内外已形成一定影响，成为安徽省委、省政府相关部门决策的参考依据。

特别是2016年，举办两次研究成果新闻发布会，媒体影响力实现新的突破；同时，政策影响力实现突破，在系列研究报告基础之上形成的政策建议多次引起政府部门的关注；多篇政策建议被安徽省经济发展研究中心主办的《决策》杂志，《安徽日报》，安徽省环保厅主办的《绿色视野》杂志，安徽省委教育工委、省教育厅主办的高校智库专刊《高校专家建言》选用。

2017年，在安徽经济预警运行与战略协同创新中心给予经费的支持下，安徽经济社会发展研究院策划组织研究力量编写的系列报告又如期出版。2017年新增《安徽农村普惠金融发展研究报告》。

纵观这些报告可以看出，报告的组织者与撰写者都付出了辛勤的劳动和不懈的努力。当然，我们也清醒地认识到，报告也还存在这样或那样的缺点，与政府部门领导和社会各界对我们的期望还有相当大的差距，我校应当也有可能在智库建设方面做得更多、更好。我们坚信，只要坚持走下去，在社会各界的关心和帮助下，系列研究报告一定会越做越好！我校的智库建设也将结出更多的硕果！

安徽财经大学校长　丁忠明

2017 年 3 月 20 日

普惠金融是立足机会平等要求和商业可持续原则，以可负担的成本为有金融需求的社会各阶层和群体提供适当、有效的金融服务。普惠金融（Inclusive Finance）由联合国在 2005 年第一次正式提出，之后被许多国家采纳和运用。在我国，中共中央国务院高度重视发展普惠金融。2013 年，党的十八届三中全会审议并通过的《中共中央关于全面深化改革若干重大问题的决定》中正式提出“发展普惠金融”。2015 年，十二届全国人大三次会议《政府工作报告》中提出，要大力发展普惠金融，让所有市场主体都能分享金融服务的雨露甘霖。为更好地推进普惠金融发展，经中央全面深化改革领导小组批准，国务院印发了《推进普惠金融发展规划（2016—2020 年）》，将普惠金融列为国家发展战略。该规划中提出，到 2020 年，建立与全面建成小康社会相适应的普惠金融服务和保障体系，有效提高金融服务可得性，明显增强人民群众对金融服务的获得感，显著提升金融服务满意度，满足人民群众日益增长的金融服务需求，特别是要让小微企业、农民、城镇低收入人群、贫困人群和残疾人、老年人等及时获取价格合理、便捷安全的金融服务，使我国普惠金融发展水平居于国际中上游水平。2016 年，全国人大批准的“十三五”规划纲要中正式提出要大力发展普惠金融。应该说，普惠金融在我国的发展处于战略机遇期，既有明确的发展目标，也有可行的发展规划，更有具体的发展举措，加之精准扶贫、精准脱贫的要求和银行业务转型的需要，普惠金融必将走上

快速发展的轨道。

近年来，我国普惠金融发展呈现出服务主体多元、服务覆盖面较广、移动互联网支付使用率较高的特点，人均持有银行账户数量、银行网点密度等基础金融服务水平已达到国际中上游水平，但仍面临诸多问题与挑战：普惠金融服务不均衡，普惠金融体系不健全，法律法规体系不完善，金融基础设施建设有待加强，商业可持续性有待提升，普惠金融发展存在区域性不平衡等问题。尤其是农村普惠金融发展面临的问题和困难更多，解决的难度更大。为了深入研究安徽省农村普惠金融的发展现状，总结经验，探寻发展中存在的主要问题和形成原因，更好地推进农村普惠金融的健康发展，安徽财经大学农村金融学科特区研究团队经充分讨论、长期准备和通力合作，历时一年多时间，完成该研究报告。特别指出的是，本研究团队依托安徽财经大学金融学院在校生，利用寒暑期社会实践，开展了安徽省“百村千户”农村普惠金融调研活动，取得了大量的第一手资料，为本研究报告提供了丰富的资料来源和现实基础，使研究报告更贴近实际、更具针对性。

本研究报告共分为八章，主要内容包括：概论，安徽农村普惠金融供给分析，安徽农户融资研究，安徽农村小微企业融资分析，安徽农村普惠保险发展分析，安徽农村互联网金融发展分析，安徽农村普惠金融发展水平测度，促进安徽农村普惠金融发展的措施。

本研究报告从立题开始就得到了学校领导的关怀和帮助，是农村金融学科特区研究团队集体努力的结晶，张庆亮教授、任森春教授、王刚贞教授、周泽炯教授、郑军教授、张超博士、于志慧博士、胡联博士和颜廷峰副教授等承担了本书的主要撰写工作。感谢金融学专业研究生何磊同学的倾心帮助，感谢参与调研的各位师生，感谢出版社编审为研究报告的出版付出的辛勤劳动。今年是首次发布安徽农村普惠金融发展报告，由于作者水平有限，书中尚有诸多不足之处，敬请各位读者批评指正，以便为今后的研究报告撰写提供指导。

作　者

2017 年 3 月

目录

第一章　概　论

自党的十八届三中全会正式提出“发展普惠金融”以来，党和国家领导人在不同场合多次提及，社会各界也给予了广泛关注。随着普惠金融被写入《中华人民共和国国民经济和社会发展第十三个五年规划纲要》之中，发展普惠金融成为国家级战略。这一战略高度契合了“创新、协调、绿色、开放、共享”五大发展理念，是完成经济社会结构性改革任务的重要手段，也是“补短板”“降成本”的重要渠道。就我国的现实情况来看，普惠金融的主要对象是“三农”，农村普惠金融体系建设也正是普惠金融发展中的重点和难点。作为一个农业大省，安徽省正处于经济发展和结构调整的重要战略期，农村经济的发展对安徽崛起发挥着至关重要的作用。因此，发展农村普惠金融，构建和完善农村普惠金融体系对安徽省经济社会发展与改革有着重要意义。

第一节　概念的提出

一、普惠金融的内涵

随着全球化加速，金融业的竞争愈发激烈，已经不仅仅局限于国内竞争，而是全球范围内的竞争。金融机构在面对激烈竞争时，往往会撤销效益差的服务网点，以期降低运营成本，增加利润空间。特别是对经济贫困地区，金融机构更是不愿意涉足，也就导致了贫困人群和弱势群体难以通过正规渠道获得金融服务。2005 年联合国在“国际小额信贷年”的宣传中第一次提出“建设普惠金融体系”，以期解决金融排斥问题，改善穷人的生活状况。因而，普惠金融涉及的范围非常广泛，如扩大金融服务的覆盖率，降低金融服务的成本，提高金融服务质量等。普惠金融的基本含义即是“有效地、全方位地为社会所有阶层和群体提供服务的金融体系”。从内涵来看，普惠金融至少包含了以下四个方面的特征。

1. 普惠金融体现了公平理念

普惠金融的核心即是共享和普惠，体现的是一种公平的理念，即为社会所有阶层和群体提供服务的金融制度安排。也只有通过普惠金融的发展，让每个人都拥有平等的获得金融服务的权利，才能实现共建和谐社会的美好愿景。

2. 普惠金融服务具有全面性

普惠金融服务的全面性体现在三个方面。一是金融服务覆盖的广度，即金融服务要覆盖和触及经济落后的贫困地区，要实现地理位置的全覆盖。二是金融服务覆盖的深度，即金融服务要下沉到社会的最底层，要让社会底层的贫困人口也能得到最基本的金融服务。三是金融服务的完整性，普惠金融不是单一地指信贷覆盖程度，而是要包括储蓄、转账支付、保险以及理财等全方位、多元化的金融服务。

3. 普惠金融发展应有可持续性

普惠金融要求金融服务不仅要具有可获得性，还要有可持续性。单纯依靠政府的农业补贴和政策性贷款等模式，不具有可持续性。由于缺乏市场手段，一旦政府的政策发生改变，这种模式将难以为继。同时，缺乏商业运作模式的金融补贴政策，资金运作效率低下，且容易滋生寻租行为。普惠金融的资金来源中，往往会较多地涉及各种政府性资金和社会捐赠资金，但我们不能单纯依靠政府补贴和政策支持，而是要发挥市场的作用，走可持续发展的道路。

4. 普惠金融要能够满足有效需求

未能接受到正规金融服务的人群大致可以分为两类，一是本身没有金融服务的需求，即自愿被排斥在金融服务之外；二是非自愿排斥在金融服务之外，这些人由于地理、贫困、信息不对称等因素，无法得到所需的金融服务，即有效需求得不到满足。因此，普惠金融不是为了提供金融服务而提供金融服务，而是要满足有效金融需求。有些企业和个人根本就没有金融需求或者需求较小，就不需要刻意为其提供金融服务，即便提供了，也并非有效的金融需求，而是对金融资源的浪费，会引起金融服务供求的失衡。对于贫困地区居民，为其提供的金融服务应与其需求相匹配，摒弃过于复杂以至超出其接受能力的金融产品和服务。

二、普惠金融的发展

虽然“普惠金融”概念的正式提出仅有10来年的时间，但普惠金融理论却发端于20世纪70年代尤纳斯教授在孟加拉国开展的小额信贷扶贫实验，随后又诞生了微型金融理论，并发展至普惠金融阶段。

国内普惠金融的发展起始于20世纪80年代初期，主要是依靠国际公益组织的捐款或贷款进行扶贫实验工作，其中比较有代表性的即是杜晓山教授的扶贫经济合作社，在农户脱贫方面的贡献突出。但较为遗憾的是，由于管理上的缺陷和政策支持的不足，这些试点项目逐渐难以维系。1996年农村金融改革后，普惠金融进入由政府主导的“政策性小额贷款扶贫”阶段。虽然在这一时期商业银行开始撤离农村，但农村的扶贫工作并未受到太大的影响。进入21世纪后，民营资本开始大举进入小额信贷市场，打着普惠金融旗号的小额信贷机构开始野蛮生长。这些具有商业性质的小额信贷机构由于利率较高、风险较大，在一定程度上偏离了“公益”和“普惠”的初衷，但在丰富市场主体、完善金融服务等方面却发挥了不可忽视的作用。随着国家对农业及小微企业融资问题的日益重视，出台了多项政策，大力支持和鼓励金融资源向“三农”和小微企业倾斜。特别是十八大以来，涉及普惠金融的改革进一步加快，金融基础设施建设日益完善，贫困人群金融服务的可获得性大幅提升。据世界银行有关资料显示，2011—2014年间中国贫困人群的账户普及率远高于富裕人群上升的速度。进入“十三五”时期，随着国家脱贫攻坚战略的实施，普惠金融将被赋予更重要的使命。2016年初，中央发布了《推进普惠金融发展规划（2016—2020年）》，更是从国家层面确立了金融需要走“普惠”的道路，要惠及千家万户。

三、农村普惠金融体系

从金融体系的结构来看，我们一般可以从微观层面、中观层面和宏观层面来进行分析。针对普惠金融体系，许多专家学者都已进行了有益的探索。其中，比较有代表性的观点是杜晓山教授 2006 年提出的普惠金融体系，即包含微观、中观、宏观三个层面；而张平（2011）则在整个体系框架中增加了客户层面。在此基础上，结合吴红军和何广文等学者（2014）的观点[①]，我们将农村普惠金融体系也分为四个层面，即客户层面、微观层面（金融服务提供者及其服务）、中观层面（金融基础设施及相关服务）和宏观层面（法律、政策和监管）。

客户层面是指农村低收入阶层的金融服务需求，是农村普惠金融体系的核心。农村居民所需的金融服务主要分为四类。首先，最主要的金融服务需求是对贷款的需求，由于农村贫困人口生产生活的特点，这种贷款的额度一般较小。其次，由于农业生产的不确定性较大，农民常常选择储蓄以应对未来不确定的支出，而这种预防性储蓄对于安全性要求较高。再次，改革开放以来许多农村居民外出打工，他们挣得的收入往往采取汇款的方式寄回家中，这就使得农村居民对转账支付服务需求日益增加，而安全性和便捷性则是他们最基本的服务要求。最后，由于农业的弱质性，农业保险服务对农村居民的生产和生活有着十分积极的作用，有效增加了他们的抗风险能力。

微观层面是指农村地区金融服务的提供者，即以银行为主的金融机构，是农村普惠金融的支柱。农村普惠金融体系要求金融机构提供全方位、多元化的金融服务，这也需要多家金融机构的相互配合与协作。

中观层面是指农村地区金融基础设施和相关服务，是发展农村普惠金融的硬件要求。农村地区金融基础设施一方面包括金融服务网点的建设、POS 机的投放、助农取款点的布设等，另一方面是金融支付体系建设等，以提高农村居民金融服务的可获得性。

---

① 吴红军，何广文，金军．中国农村普惠金融研究报告 2014［M］．北京：中国金融出版社，2015.

宏观层面是指政府有关部门在农村普惠金融建设中的作用和影响。中国人民银行、财政部和相关金融监管部门应该积极促进农村普惠金融健康发展，引导金融机构为农村低收入阶层提供价格合适的金融服务，为农村普惠金融发展创造适宜的政策环境。

第二节 发展农村普惠金融的意义

从国际经验来看，农村普惠金融的发展可以增加农村贫困人群的金融服务可获得性，对于农村经济发展、消除贫困以及促进社会公平等有着显著的作用。由于二元经济结构的长期影响，我国农村居民的收入要普遍低于城镇居民，绝对贫困人口也大多集中在农村。随着20世纪90年代商业银行撤出农村地区，农村逐渐成为金融服务的洼地，金融供给严重不足。与之相对应的却是农村居民金融需求的日益提升，他们的生产经营、日常生活、子女教育、医疗健康等方方面面都亟需金融的支持。发展农村普惠金融，对于农村居民减少贫困、助力“三农”经济发展、促进社会公平正义等具有重要意义。

一、助力脱贫攻坚战略

“十三五”是我国脱贫攻坚的重要战略期。截至2015年末，我国农村仍有7000多万的贫困人口，帮助这些人口摆脱贫困离不开农村普惠金融的发展。发展农村普惠金融有三个“有利于”：

一是有利于农村金融基础设施建设。发展普惠金融可以加速农村金融基础设施建设，如增加农村地区的POS机、自动柜员机等布放以及助农取款服务点的设置；加强支付网络建设、发展移动金融支付，以满足农村居民的生产和生活需要。

二是有利于增加农村金融供给。普惠金融的发展一方面会让商业银行重回农村地区，加速县域和乡镇布点，为广大的农村居民提供更为便捷、全面的金融服务，同时融资成本也会降低；另一方面会加速主要服务于“三农”和小微企业的金融服务机构的发展，如小额贷款公司、典当行、农民合作社内部资金互助试点等。这些金融产品和服务的发展，有利于帮助农村居民脱贫。

三是有利于创新金融产品和服务。普惠金融的发展会引导金融机构开发新型金融产品以应对农村市场的需求，为农村居民提供全方面、多元化的金融产品和金融服务。如引导金融机构按照精准扶贫对象量身定做金融产品；推广微贷技术，帮助金融机构更高效地为“三农”和小微企业提供小额信贷服务；为农民提供相关的各类政策性保险支持等。

二、推动农村经济发展

金融是经济的核心，发展农村普惠金融对农村经济的发展至关重要。农村经济的发展，也是减贫工作的基础。在我国的普惠金融发展过程中，国家开发银行和农业发展银行等政策性银行发挥着举足轻重的作用。发展普惠金融，有利于政策性银行加大对农村基础设施建设的投入。这些资金的使用成本低、使用期限长，有利于降低农村基础设施建设的融资成本，进而推动农村经济发展。

同时，新的金融业务和服务的创新，也有利于推动农村经济的发展。如“税融通”业务的推广可以进一步降低小微企业融资成本；在培育农业产业链的基础上，推广产业链金融模式，促进信贷资金与政府扶贫资金有机结合，缓解小微企业融资难题；开展农村土地承包经营权抵押贷款和农民住房财产权抵押贷款试点工作，以解决融资缺乏抵押物的难题。

三、推进社会公平正义

普惠金融的公益性和普惠性，对于推进社会公平正义有着天然的作用。推动城乡金融均衡化，大力发展县域和农村金融，推进金融服务均等化，资本市场扶贫[①]等举措，都是推进社会公平正义的重要路径。

---

① 证监会为贫困地区企业首次公开发行股票、新三板挂牌、发行债券、并购重组等开辟绿色通道。

此外，农村普惠金融的发展，一方面有利于实现农村教育公平，帮助农村适龄儿童就学，为农村孩子接受高等教育提供金融支持；另一方面有利于实现农村医疗公平，农村医疗保险政策的落实，农民可以像城镇居民一样享受医疗费用的报销，减少了因病致贫、因病返贫的发生概率。

第三节 安徽农村普惠金融发展概况

一、安徽农村普惠金融发展现状

“十二五”时期，安徽经济保持了良好的增长势头，金融业也取得了快速、高效、健康的发展，基本建立了结构较为合理、功能相对完善的金融体系。与此同时，农村经济的发展也取得了长足进步，农村经济发展和转型都进入了加速期，对金融服务的需求日益旺盛。2015年末，安徽省涉农贷款余额8521.48亿元，同比增长14.87%，涉农贷款新增1120.63亿元，同比多增36.65亿元。虽然农村居民的存贷款需求仍占据主要地位，但其他诸如转账支付、保险、理财等需求正在日益增加。特别是随着农村经济的不断发展，一方面农村居民的投保积极性显著提高；另一方面，2015年安徽省农村人口占总人口比例接近50%，因此农村保险的市场需求巨大[①]。

（一）农村普惠金融机构稳步发展

安徽省将农村基础金融服务“村村通”作为普惠金融的重要依托，各银行业金融机构积极向下延伸网点，截至2015年末，基础金融服务行政村覆盖率为93.87%。阜阳、淮北、淮南、黄山、宿州、铜陵和宣城等市实现农村基础金融服务“村村通”全覆盖。数据显

---

① 农村居民保险需求主要是两类，一是为了防范农业生产面临的自然灾害以及市场风险而投保农业保险；二是为了防范农村地区社会保障制度不完善所带来的风险而投保养老和医疗类保险。

示，截至 2015 年末，全省银行业基础金融服务覆盖行政村 15049 个，其中，网点覆盖行政村 6123 个；各类电子机具（含 ATM、POS、转账电话和自助服务终端）覆盖行政村 14176 个；其他方式覆盖行政村 3196 个。

农村合作金融机构改革任务全面完成，83 家法人行社全部改制成农村商业银行。全省村镇银行已开业 65 家，实现县域全覆盖，组建数量居全国第 3 位。招行引资和新型金融机构建设取得新突破，广发银行合肥分行、渤海银行合肥分行相继开业，驻皖全国性股份制商业银行已达 9 家；徽银金融租赁公司挂牌开业，合肥市消费金融公司获批筹建。民营银行设立积极推进，合肥市新安银行正式获批筹建，成为国内获得批准的第九家民营银行；芜湖市大江银行（暂名）筹建方案也已上报银监会。

（二）农村普惠金融服务全面提升

2014 年，人行合肥中心支行、安徽银监局及时落实“定向降准”政策、调整省内法人金融机构存贷比计算口径、扩大支农支小再贷款规模，累计释放资金约 220 亿元，定向为“三农”和小微企业等实体经济输血。截至 2015 年末，全省涉农贷款余额达到 8521.48 亿元，同比增长 14.87%；小微企业贷款余额达到 8101.96 亿元，同比增长 14.94%，高于全省平均增速 0.07 个百分点；户数 60.5 万户，同比增加 8 万户；申贷获得率 95.11%，同比上升 1.18 个百分点，实现了“三个不低于”的目标。

2010 年以来，安徽农金重点推行了农易贷、“96669 贷款直通车”、“金农便民宝”三大产品。目前安徽已经发行了 12 万张的福农卡，累计贷款 102 亿元，这种福农卡有着“一次授信、随用随贷”的特点，满足城乡客户“短、小、频、急”的需求；有着“一个电话、贷款到家”特点的“96669 贷款直通车”，累计贷款已经达到 45.3 万笔；家门口就能取款、消费的“金农便民宝”商户已经发展了 3.2 万户。2013 年，省联社启动了信贷专项服务，这项服务专门针对家庭农场等新型经营主体，共向包括家庭农场、农民合作社、种养大户在内的 1.3 万多户发放贷款 45.3 亿元。徽商银行普惠金融“徽农”品牌暨微贷产品发布，徽商银行已在62个县，40多个乡镇，100多个行政村设立了普惠金融网点，服务农村客户达到了5万多户，向小微企业投放各类贷款127亿元，有效践行了普惠金融的发展理念，取得了较好的经济效益和社会效益。

（三）农村普惠金融基础设施日益完善

农村地区的支付结算难、存取款难等问题一直是农村金融工作的重点。安徽省通过积极推动农村金融服务机构接入中国人民银行支付系统等措施，有效提升了农村支付业务的服务水平和效率；通过完善农村普惠金融基础设施建设，如支付网络、助农取款点、POS的布设，极大地提升了农村居民的金融可获得性。截至2015年上半年，安徽省农村地区累计布放POS机22.96万台，为2011年的28.3倍；ATM布放量7634台，为2011年的5.4倍。农村网银用户已达965.29万户，手机支付用户数达661.78万户，分别为2011年的9.27倍和24.4倍。

（四）农村信用体系初步发展

中国人民银行合肥中心支行大力推动农村信用体系建设工作，首先从信用信息服务入手，组建全国性的个人信用信息基础数据库。2015年末全省建立信用档案信息1013.59万户，已评定信用农户527.8万户，并不断扩大征信系统在农村地区的覆盖区域。此外，为了配合和推动小额信贷业务的开展，我省不断推进县域信用体系建设，使信用户、信用村和信用乡镇的评定以及金融生态县的评定与创建活动深入开展，不断完善涉农信用信息采集、更新和成果运用工作机制，积极推动农户信用评价结果与农户贷款授信审批相结合。截至2015年末，安徽省县域新增银行、证券、保险等各类网点1000多家；全省村级金融服务室达17870个，其中2015年新增2382个，行政村实现金融服务室全覆盖。

二、支持农村普惠金融建设的相关政策

近年来，发展普惠金融逐渐被提上国家层面的议事日程。2015年《政府工作报告》提出要大力发展普惠金融，让所有市场主体都能分享

金融服务的雨露甘霖。近年来，中央和安徽省相继出台了一系列政策文件，以推进普惠金融发展，提高金融服务的覆盖率、可得性和满意度，增强所有市场主体和广大人民群众对金融服务的获得感。特别是国务院印发的《推进普惠金融发展规划（2016—2020 年）》，更是为普惠金融的发展提供了强有力的政策支持。

（一）货币信贷政策

《推进普惠金融发展规划（2016—2020 年）》要求金融机构积极运用差别化货币政策工具，鼓励和引导信贷资源向小微企业和“三农”等领域倾斜。加大支农支小再贷款、再贴现力度，鼓励金融机构扩大小微企业和涉农信贷投放，降低社会融资成本。除此之外，中国银监会在货币信贷方面也出台了相关政策①。

《安徽省人民政府关于去杠杆防风险促进经济社会稳定健康发展的实施意见》中要求积极落实差别化信贷政策……将更多的信贷资源配置到战略性新兴产业、传统产业改造升级等领域，以及中小微企业、“三农”等薄弱环节。《安徽省人民政府关于金融支持服务实体经济发展的意见》中明确了对已有纳税记录、无不良信用记录、纳税信用级别不低于 B 级的中小微企业发放“税融通”贷款……推动农村商业银行发行小微企业、“三农”金融债，拓宽信贷资金来源。《安徽省人民政府关于推进普惠金融发展的实施意见》更是明确要求金融机构充分运用优惠存款准备金等货币政策工具，支持信贷资源向小微企业、“三农”等领域倾斜；并特别指出，鼓励徽商银行探索新模式扩大小微企业和“三农”信贷，促进渠道、产品和机制体制创新，扩大小微企业和“三农”信贷审批权。

（二）财税政策支持

《推进普惠金融发展规划（2016—2020 年）》提出要利用普惠金融发展专项资金，针对重点领域，遵循保基本、有重点和可持续原则，

① 《中国银监会关于完善和创新小微企业贷款服务提高小微企业金融服务水平的通知》（银监发〔2014〕36 号）中鼓励银行业金融机构积极开发符合小微企业资金需求特点的流动资金贷款产品，科学运用循环贷款、年审制贷款等便利借款人的业务品种，合理采取分期偿还贷款本金等更为灵活的还款方式，减轻小微企业还款压力。

适度支持普惠金融相关业务或机构。发挥财政资金杠杆作用，针对小微企业和“三农”贷款落实相关税收扶持政策[①]，鼓励和支持普惠金融发展，保障基础金融服务的可得性和适用性。

《安徽省人民政府关于金融支持服务实体经济发展的意见》从多个方面提出了支持发展普惠金融的措施。如确保实现“4321”模式贷款占小微企业贷款比重有较大幅度提升，积极支持设立面向小微企业、“三农”的村镇银行、融资（金融）租赁公司、消费金融公司、小额贷款公司、典当行，推动金融机构在农村地区发展移动金融服务，解决农村金融服务网点覆盖面不足的问题，创新服务“三农”的移动金融服务和产品，提升金融机构在“三农”领域的服务质量和效率。《安徽省人民政府关于推进普惠金融发展的实施意见》则提出全面落实各项财税优惠政策，鼓励地方财政通过贴息等政策鼓励和引导各类机构加大对小微企业和“三农”等领域的支持力度。

（三）金融监管差异化激励机制

《推进普惠金融发展规划（2016—2020 年）》提出要采取差异化监管政策，引导金融机构将信贷资源向普惠金融薄弱群体和领域倾斜。推动建设小微企业专营机构和网点，不断创新小微企业和“三农”贷款的服务、考核及核销方式，提升小微企业和“三农”的不良贷款容忍度，完善尽职免责相关制度[②]。

《安徽省人民政府关于推进普惠金融发展的实施意见》也明确指出，在无违反法律法规行为的前提下，银行分支机构对于符合条件的经办不良贷款的从业人员，免除其合规责任。在机构设立和业务准入等方面优先支持在小微企业信贷投放中表现突出的银行业金融机构，

---

① 国务院对此也做出了相关规定。《国务院关于扶持小型微型企业健康发展的意见》（国发〔2014〕52 号）要求认真落实已经出台的支持小型微型企业税收优惠政策……小型微型企业从事国家鼓励发展的投资项目，进口项目自用且国内不能生产的先进设备，按照有关规定免征关税。

② 《中国银监会关于 2015 年小微企业金融服务工作的指导意见》也提出“各级监管部门要坚持正向激励的监管导向，在市场准入、专项金融债发行、风险资产权重、存贷比考核及监管评级等方面落实对小微企业金融服务的差异化政策。从 2015 年起，商业银行适用小微企业金融服务相关的正向激励政策，应以实现小微企业贷款增速不低于各项贷款平均增速、小微企业贷款户数不低于上年同期户数、小微企业申贷获得率不低于上年同期水平为前提。”

并大力支持徽商银行等地方法人金融机构发行小微企业和“三农”金融债券。加强对于小微企业和“三农”贷款服务的考核，促进核销方式的创新，推动核销进程的加快，用足用好核销政策。

“十三五”是普惠金融体系构建的关键时期。根据国务院《推进普惠金融发展规划（2016—2020 年）》总体目标的具体要求，安徽省将建立与全面建成小康社会相适应的普惠金融服务和保障体系，有效提高金融服务可得性，明显增强人民群众对金融服务的获得感，显著提升金融服务满意度，满足人民群众日益增长的金融服务需求，特别是要让小微企业、农民、城镇低收入人群、贫困人群和残疾人、老年人等及时获取价格合理、便捷安全的金融服务。

第二章　安徽农村普惠金融供给分析

自2008年开始的中央一号文件均号召：改善农村金融环境，建立城乡经济社会一体化发展新格局，建立健全适应“三农”特点、多层次、广覆盖、可持续的农村金融体系，对农村金融体系“覆盖率”和“可持续性”提出了明确要求。2013年11月12日，中国共产党第十八届中央委员会第三次全体会议通过《中共中央关于全面深化改革若干重大问题的决定》，正式提出“发展普惠金融，鼓励金融创新，丰富金融市场层次和产品”。2015年12月国务院印发的《推进普惠金融发展规划（2016—2020年）》指出，普惠金融是指立足机会平等要求和商业可持续原则，以可负担的成本为有金融服务需求的社会各阶层和群体提供适当、有效的金融服务。因而，本章从普惠金融“覆盖率”“经济效率”“可持续性”和“制度供给”等角度（表2-1），分析安徽省普惠金融供给取得的成绩，存在的问题，并针对存在的问题提出建议。

表2-1　安徽省农村普惠金融供给评价体系

安徽农村普惠金融供给评价指标体系	经济效率指标	对地方经济贡献度
		对农民收入贡献度
	覆盖面指标	金融机构类型、法人机构数量、网点、从业人员数量
		普惠金融地域范畴
		涉农贷款、小微贷款、助学贷款额
		其他民生工程、财政资金支持、互联网金融
		普惠金融产品、渠道、机制、利率
	可持续发展指标	总资产、不良贷款率
		资本充足率、利润率
	制度供给指标	农村金融综合改革试点工程
		土地确权等政策
		光伏扶贫政策
		普惠金融发展实施意见

第一节　农村普惠金融供给取得的成绩

2015 年 12 月国务院印发的《推进普惠金融发展规划（2016—2020 年）》，确立推进普惠金融的指导思想、基本原则和发展目标，在普惠金融服务机构、产品、基础设施建设、法律法规和教育宣传等方面提出政策措施，对推进普惠金融实施、加强组织协调、开展示范工程试点等方面做出相关安排。发展普惠金融，目的是提升金融服务的覆盖面、可得性和满意度，不断满足人民群众日益增长的金融需求，特别是让小微企业、农民、城镇低收入人群、贫困人群等及时获取价格合理、便捷安全的金融服务。安徽省政府、银监局深刻领会普惠金融的核心内涵，认真贯彻党中央的普惠金融政策，制定本省普惠金融发展政策和规划，积极推进本省的普惠金融事业发展，取得了显著的成绩，总体概况如下。

一、普惠金融覆盖面扩大

普惠金融的目标是以低成本、高质量的金融服务，满足所有资金需求人的有效金融需求，这就意味着普惠金融服务要同时兼顾覆盖的广度，即金融服务要覆盖和触及经济落后的贫困地区，要实现地理位置的全覆盖；覆盖的深度，即金融服务要下沉到社会的最底层，要让社会底层的贫困人口也能得到最基本的金融服务；服务的完整性，即服务内容不是单一的信贷，还要包括储蓄、转账支付、保险、理财等全方位、多元化的金融服务。

本节选取金融机构种类、数量和从业员工人数、金融机构客户范畴等指标衡量覆盖广度；选取涉农贷款额及占比、农户、农业贷款额及其比重、助学贷款额、下岗失业人员小额贷款额等指标衡量覆盖深度；选取金融产品和服务、贷款利率等指标衡量服务的质量和完整性。

（一）覆盖广度指标

1. 普惠金融法人机构类型增加

安徽省金融机构体系建设更趋完善（图 2－1），市场融资能力逐步增强，截至 2015 年末，全省村镇银行已开业 65 家，实现县域全覆盖；

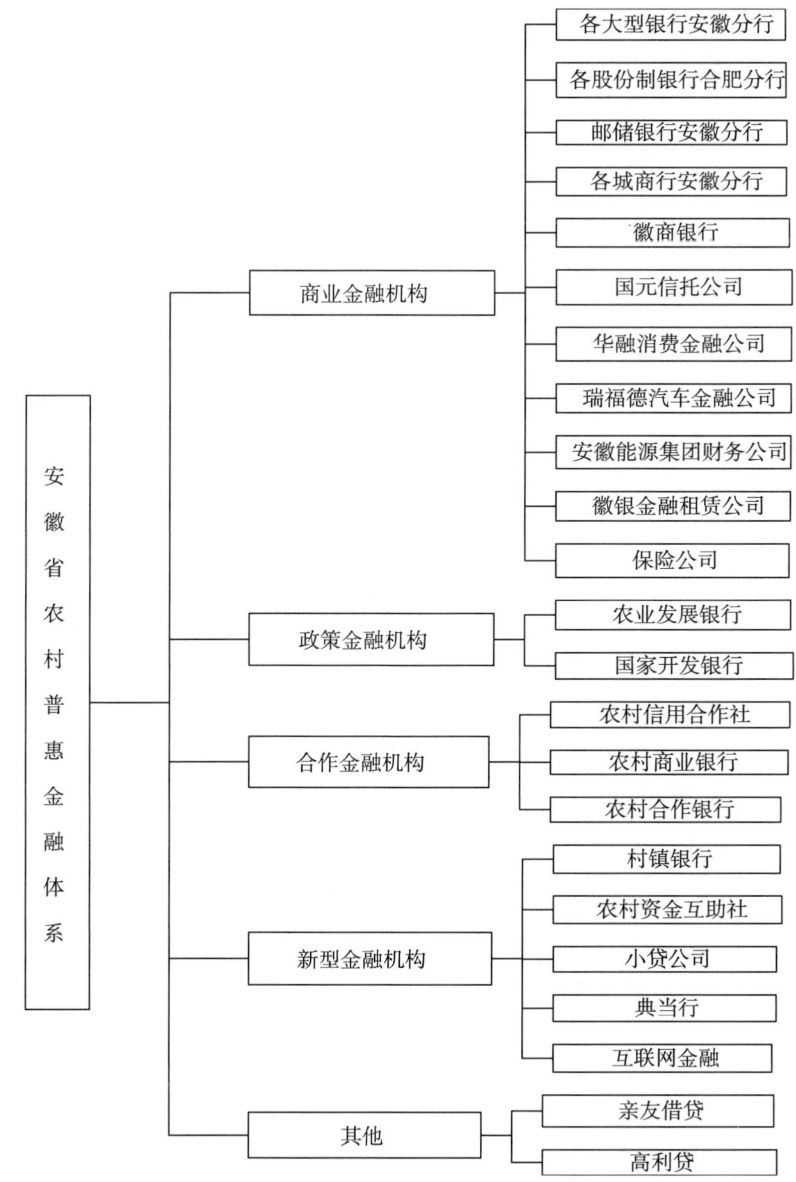

图 2－1　安徽省农村普惠金融体系（2016 年）

徽银金融租赁公司挂牌开业、合肥市消费金融公司获批筹建。在国家政策宣传和鼓励下，大型金融机构加强县域网点建设，金融租赁公司发挥租赁功能特色，稳妥开展“三农”及小微企业租赁业务，汽车金融公司、消费金融公司下沉业务渠道，扩大金融服务覆盖面。

2. 分支机构和营业网点增加

大中型商业银行分支机构网点布局逐渐优化，现有县域网点稳定并有所增加，乡镇服务网络进一步拓展。徽商银行在有条件的社区、县域及以下设立徽农、徽民支行，农商行加快农村地区网点建设，在贫困地区设立异地分支机构，开业半年以上、主要监管指标符合要求的村镇银行向下延伸分支机构。小型金融机构法人数量稳定在 83 个，机构网点数量从 2010 年的 2943 个，增长到 2015 年的 3083 个；新型金融机构法人数量从 2010 年的 18 个（图 2－2），增长到 2015 年的 524 个（图 2－3），网点数量从 2010 年的 18 个（图 2－2），增长到 2015 年的 664 个，农村居民金融服务的可获得性逐步提高（图 2－3）。

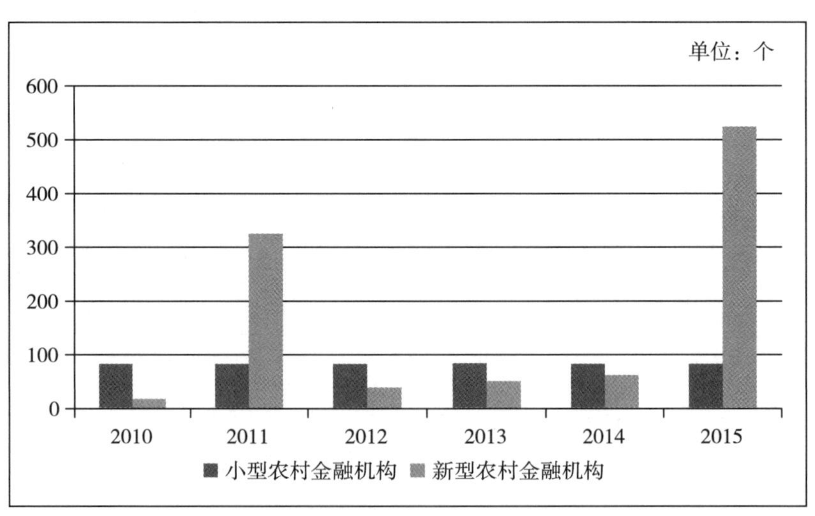

图 2－2　农村小型、新型金融机构法人数量

注：小型农村金融机构包括：农村商业银行、农村合作银行、农村信用合作社；新型农村金融机构包括：村镇银行、贷款公司、农村资金互助社。

数据来源：安徽省银监局。

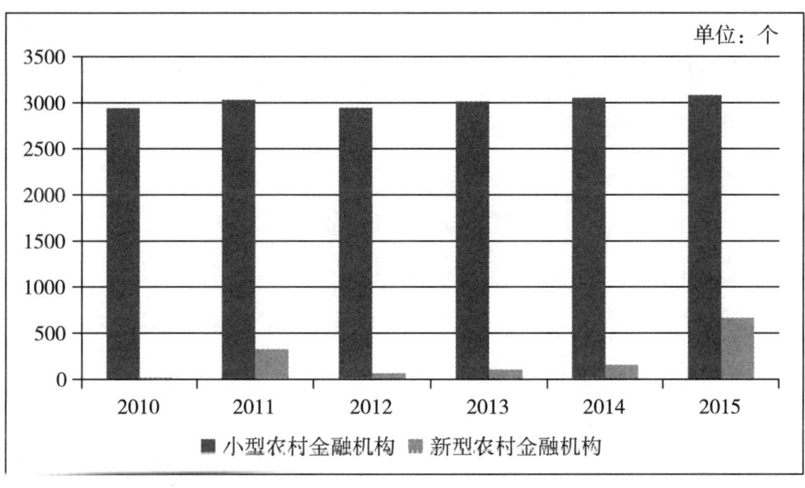

图 2-3　农村小型、新型金融机构网点数量

注：小型农村金融机构包括：农村商业银行、农村合作银行、农村信用合作社；新型农村金融机构包括：村镇银行、贷款公司、农村资金互助社。

数据来源：安徽省银监局。

3. 普惠金融从业人员数量增加

小型农村金融机构从业人员数量从 2010 年的 29227 人，增长到 2015 年的 32919 人（图 2-4），新型农村金融机构从业人员数量从

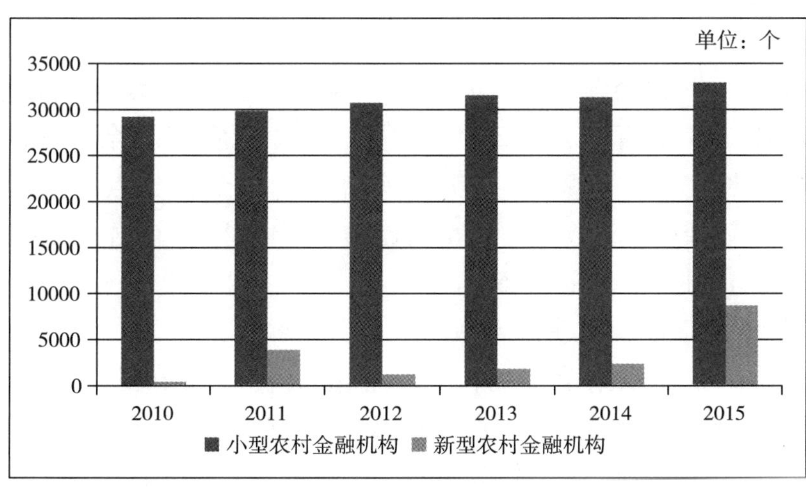

图 2-4　农村小型、新型金融机构从业人员数量

注：小型农村金融机构包括：农村商业银行、农村合作银行、农村信用合作社；新型农村金融机构包括：村镇银行、贷款公司、农村资金互助社。

数据来源：安徽省银监局。

2010 年的 412 人，增长到 2015 年的 8681 人（图 2-4），这两类农村普惠金融机构从业人员数量的增长，说明普惠金融服务组织逐步壮大，提供的金融服务范畴逐步增强。

4. 普惠金融地域覆盖面扩大

截至 2015 年末，全省银行业基础金融服务行政村 15049 个，其中，网点覆盖行政村 6123 个；各类电子机具（含 ATM、POS、转账电话和自助服务终端）覆盖行政村 14176 个；其他方式覆盖行政村 3196 个。基础金融服务行政村覆盖率 93.87%，较年初上升 7.07 个百分点。其中，阜阳、淮北、淮南、黄山、宿州、铜陵和宣城等 7 个地市实现农村基础金融服务“村村通”全覆盖。安徽省普惠金融地域覆盖面进一步扩大，农村金融需求满足度、便利度和可获得性进一步提高。

（二）覆盖深度指标

1. 涉农贷款逐年增长

安徽省是农业大省，农业贷款需求旺盛，但普惠金融政策实施之前，涉农贷款额度不高。2010 年末，涉农贷款 2602.6 亿元；2011 年末，涉农贷款新增 947.8 亿元。普惠金融实施以来，涉农贷款额增长迅速，2012 年，全省涉农贷款 4830.5 亿元，增长 26.5%；2013 年末，全省涉农贷款余额 6297.9 亿元，增长 23.3%，增速高于各项贷款平均增速 6.3 个百分点；2014 年末，全省涉农贷款余额 7418.2 亿元，同比增长 17.3%，高于各项贷款增速 1.7 个百分点；2015 年末，全省涉农贷款余额 8538.8 亿元，同比增长 14.9%，新增 1120.6 亿元，同比多增 36.6 亿元（图 2-5）。

2. 小微企业贷款稳步增加

由于金融扶持政策落实到位，小企业信贷投放出现持续较快增长态势。2010 年末，小企业贷款余额 2136.9 亿元（不含票据），同比增长 61.2%，分别高于大、中型企业 46.6 和 53.4 个百分点；2011 年末，全省小微企业新增 435 亿元，同比增长 49.2%，分别高于大、中型企业 40.84 和 38.2 个百分点；2012 年末，小微企业贷款增长 20.1%，高于大中型企业 5.2 个百分点；2013 年末，全省小微企业贷

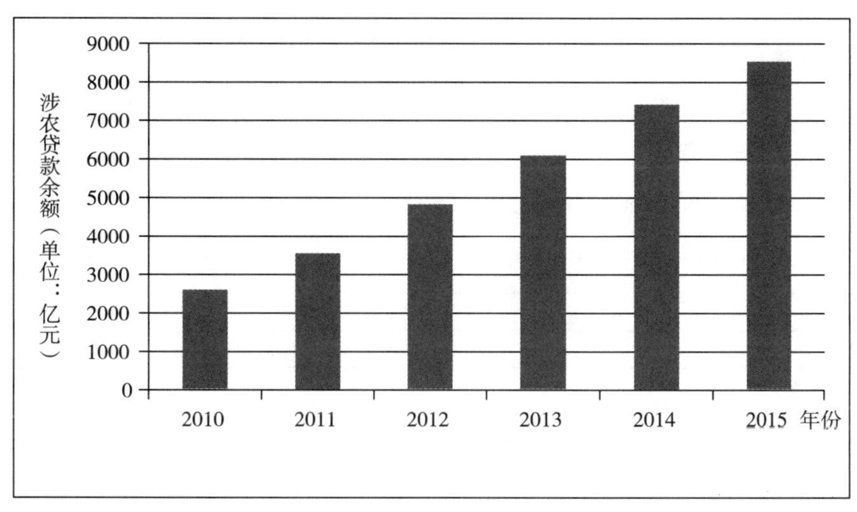

图 2-5　2010 年以来安徽省金融机构发放涉农贷款余额

数据来源：安徽省银监局。

款余额 6082.1 亿元，增长 22.6%，增速高出各项贷款平均增速 5.6 个百分点；2014 年末，全省银行业小微贷款（含个体工商户）余额 7048.7 亿元，较年初增加 966.7 亿元，同比增长 15.9%，高于各项贷款增速 0.3 个百分点；2015 年末，全省小微企业贷款（含票据贴现）全年新增 724.7 亿元，占全部企业贷款增量的 42.3%（图 2-6）。

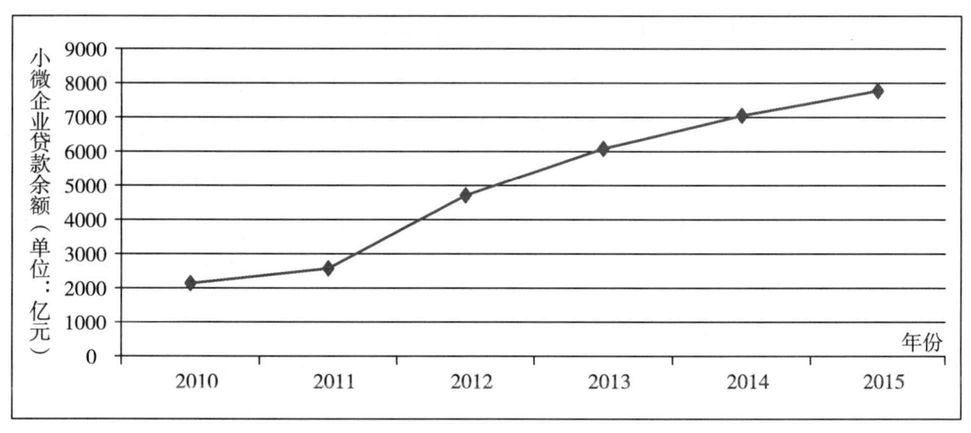

图 2-6　2010 年以来金融机构小微企业贷款余额

数据来源：安徽省银监局。

3. 助学贷款逐年增加

金融扶弱功能继续加强，社会薄弱环节信贷支持力度加大。2010年至2014年，全省金融机构助学贷款累计发放额分别为7.3亿元、9.7亿元、10.5亿元、11.1亿元、13.5亿元，2015年末全省生源地信用助学贷款余额突破40亿元（图2－7）。

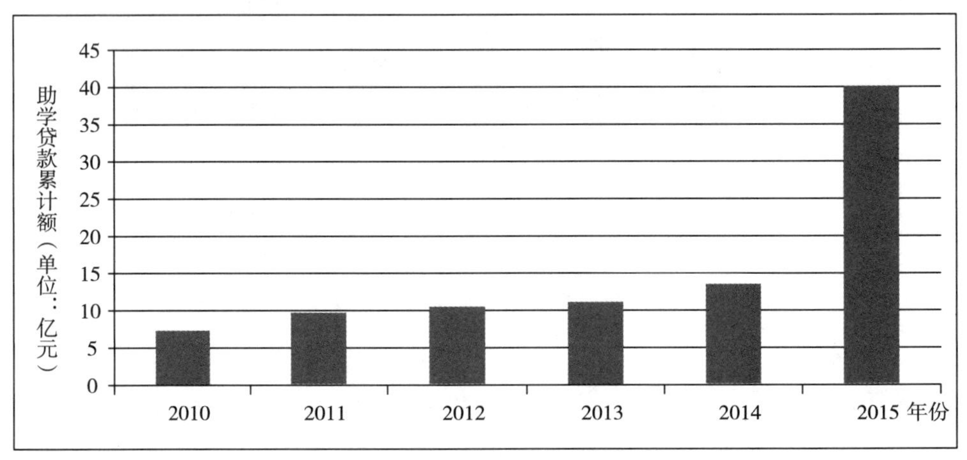

图2－7　2010年以来金融机构累计发放助学贷款余额

数据来源：安徽省银监局。

4. 其他民生工程贷款额度增加

全省金融机构积极支持安徽省政府民生工程，加大对薄弱环节的信贷支持。2010年，下岗失业人员小额担保贷款累计发放6.2亿元；农户贷款全年新增179.3亿元。2012年，县域金融机构贷款增长22%，分别高于各项贷款，增幅7.8个百分点和3.3个百分点，全年累计发放小额担保贷款4.9万笔，合计金额51.1亿元；2015年末，全省金融机构在全省片区县全面推进扶贫开发金融服务工作，贫困县各项贷款余额同比增长18.2%，高于全省平均水平3.3个百分点，全年新增贷款361.6亿元，占全省县域44.3%，比上年同期提升12.1个百分点，个人创业担保贷款同比多放10.3亿元，棚改贷款实现全省16市全覆盖。

探索以农村金融改革促扶贫开发模式。以金寨县为例，2012年以来，安徽省围绕“抓金寨，促全省”的脱贫攻坚工作思路，通过农村金融综合改革推动扶贫开发工作。改革以来，金寨县不断完善农村信用体系、支付体系建设，金融供给状况和金融生态环境不断改善，探索出一条“普惠＋特惠＋特色”的金融扶贫路径，有力促进了农民增收、农业增效和农村经济发展。截至 2015 年末，金寨县贫困人口由 2012 年的 19.3 万人减至 10.6 万人，贫困发生率由 30.1%降至 18.1%；各项贷款余额 99.5 亿元，同比增长 15.4%。

5. 财政资金支持普惠金融发展

2012 年以来，安徽省政府安排专项资金和三公经费结余资金 62 亿元，并带动市县配套 42 亿元，用于充实县域国有融资担保机构资本金，引导金融机构扩大涉农贷款和担保资金规模。省政府加大政策性农业保险支持力度，2008 年至 2014 年，全省各级财政累计投入保费补贴资金 70 亿元，保险基层服务体系基本形成，保险覆盖面逐步扩大。安徽省成为全国第一个农业保险全覆盖省份，累计为 1.1 亿户次农户提供 1795 亿元风险保障，赔付近 47.3 亿元，3724 万户次农户从中受益。省财政 2015 年起连续 3 年每年安排 11 亿元，各市、县（市、区）等额配套，用于充实县（市、区）符合条件的政策性融资担保机构资本金。2016 年，省财政继续安排 10 亿元，充实市、县（市、区）续贷过桥资金，对县域金融机构发放的符合条件的涉农增量贷款，按年度贷款增量的 2%予以补贴；继续实施新型农村金融机构定向费用补贴、新设和引进金融机构奖励政策及企业上市（挂牌）奖励补助政策。

6. 互联网金融发展迅猛

互联网的普及，促进了互联网金融的迅猛发展，办理金融业务时不受时间、空间限制的手机银行，逐渐成为人们生活中重要的金融工具。凭借“随心、安全、便捷、大额”的特点以及各项功能的不断丰富和完善，近年来安徽省手机银行逐渐占据了部分金融市场份额。以安徽农金为例，2014 年 4 月，安徽农金手机银行问世，当年 8 月份，手机银行用户数突破 100 万，累计交易 339.4 万笔，交易金额逾 579.9 亿元。2015 年 8 月，手机银行用户数突破 300 万，累计交易 2131.5 万笔，交易金额 3263.5 亿元。2016 年，手机银行用户数从用年初的 400 万增加到年末的 600.06 万。短短两年间，一个便民、惠民、安全、可信、绿色、快捷的新型金融服务生态圈已迅速崛起。

（三）完整性指标

1. 普惠金融产品创新活跃

各银行业金融机构针对小微企业、涉农企业、农户和建档立卡贫困户，创新低成本、可复制、易推广、“量体裁衣”式的金融产品。

开展农村承包土地经营权抵押贷款、农民住房财产权抵押贷款、农村土地收益权质押贷款和大型农机具融资租赁试点，积极开展林权抵押贷款。共有 20 个县开展农地抵押贷款业务、16 个县开展农房抵押贷款业务，全省 10 个农地试点地区、2 个农房试点地区已正式入选全国级试点。

结合区域产业特点、资源禀赋，因地制宜创新金融产品和服务方式，综合运用订单、动产质押和应收账款保理等方式融资，开发推广“公司＋农户”“公司＋农民合作社＋农户”“公司＋专业市场＋农户”等信贷模式。与扶贫开发相结合，通过农村产业发展带动扶贫开发，以岳西、利辛、金寨等 7 个贫困县为例，为解决部分无劳动力的贫困户持久脱贫问题，大力推进金融支持“光伏扶贫”工程①，截至 2015 年末，全省已发放光伏扶贫项目贷款 1.2 亿元，受益贫困户 8367 户。

为破解小微企业融资难题，畅通金融供给渠道，加大“税融通”②推广力度，向依法诚信纳税的企业提供信用贷款；创新开展“4321”③政银担合作试点，业务基本覆盖全省所有区域和主要金融机构。

2. 普惠金融服务渠道进一步拓宽

安徽省银行业金融机构在农村基础金融服务“村村通”工程引导下，向下延伸网点，广泛布设 ATM、POS 机、转账电话、自助服务终端等电子机具，在不具备金融服务点设立条件的行政村，重点推广“拎包银行”服务，切实提高农村普惠金融服务的便利度。

---

① “光伏扶贫”：指针对准贫困村、贫困户、贫困人口而建设的“分布式光伏发电项目”。该项目直接由政府一次性投资建设，无须扶贫对象再投入人力成本，用户足不出户就可享受 20 年的稳定收益。

② “税融通”：指银行业金融机构根据中小微企业纳税情况，向依法诚信纳税的中小微企业提供一定额度的信用贷款或担保贷款。

③ “4321”：指政银担三位一体的担保风险分担和代偿补偿机制，即原保机构、省级再担保机构、银行、地方政府按照 4∶3∶2∶1 比例承担代偿责任。

各金融机构结合自身类型和业务特点，拓展小微企业金融服务渠道，线上大力推广手机银行、网络银行等新型终端，线下突出机构建设的专营定位，为小微企业提供多样化授信、支付结算、资产管理和咨询等综合金融服务，深化小微企业金融服务与“互联网+”的融合。这些措施推进了农村地区电子渠道无障碍服务建设，丰富了农村金融服务功能，逐步充实了查询、银行卡和小额贷款受理功能。

以安徽农金推出的“社区 e 银行”为例，2015 年初，安徽省农商行“社区 e 银行”平台上线并推广实施。通过该网络平台、手机，把无数家庭、个人与社区周边商户连接起来，产生交流交易，创造一个社区生活圈。城乡居民通过“社区 e 银行”，可以浏览社区周边商户的产品、服务和促销信息，在线预约下单，选择送货上门或到店消费，节约日常生活的成本和时间；社区商户通过免费在线开网店，线上向居民推送商品和服务，吸引居民到店消费体验；银行不收商户任何费用，免费为商户推销，商户销售资金随时到账，不占款。根据资金流水和诚信程度，银行会自动调整对商户的信贷额度。据安徽省联社统计数据显示，截至 2015 年 3 月 15 日，“社区 e 银行”已在淮南通商、宣城皖南、芜湖扬子、桐城、亳州药都、铜陵、铜陵皖江、金寨等 18 家农商行上线，累计注册用户 70277 户，“本地商圈”版块成功上线商户 805 户（已去除重复录入、已解约的商户）；“名优特惠”版块成功上线柏兆记食品、元庆堂花茶、傻子瓜子、齐源六安瓜片、启航茶油、鸿润、徽芝园等 7 户特惠商户。截至 2015 年 3 月 15 日，“社区 e 银行”累计销售 35603 件、259.79 万元，其中“本地商圈”版块团购累计销售 27868 件、144.33 万元；“面对面”支付 615 笔、17.92 万元；“名优特惠”累计销售 1947 件、27.05 万元；“精品预售”累计销售 5173 件、70.48 万元。

3. 普惠金融服务机制优化

小微企业专营机制建设逐步完善，金融服务机构在总行设立专门业务管理部门，一级分行设立专门部室，二级分行以下安排专人专岗。“三农”服务机制得到改进，农业银行“三农”金融事业部改革继续深化，邮储银行建立了“三农”事业部，农商行在董事会下设立“三农”

金融服务委员会。金融服务机构建立了金融扶贫工作机制，开发银行、农发行有指定的专门部门和专职人员，承担金融扶贫工作。其他银行业也成立了扶贫工作专门组织架构。

4. 普惠金融贷款利率降低

2015 年安徽省金融机构运用支农、支小再贷款资金发放的涉农、小微企业贷款利率低于同期同类型贷款加权平均利率 1.1 和 1.0 个百分点，运用再贴现资金办理的涉农、小微企业贴现利率低于同期同类型票据贴现加权平均利率 0.7 和 0.4 个百分点。

二、普惠金融服务经济效率提高

金融是现代经济的核心，研究表明，适当的金融改革能有效地促进经济的增长和发展，使金融深化与经济发展形成良性循环。金融运行正常有效，货币资金的筹集、融通和使用就会充分而有效，社会资源的配置也就合理，对国民经济的良性循环所起的作用也就更加明显。

（一）普惠金融对地方经济贡献度

本节采用安徽省 2010—2015 年第一产业增加值与金融机构发放涉农贷款余额数据，衡量金融对地方经济的贡献。两项数据都保持增长趋势，表明二者变化可能存在相关关系；将这两项数据做回归后（图 2-8），发现二者相关程度很高，每增加 1 单位贷款，就能增加 0.1321

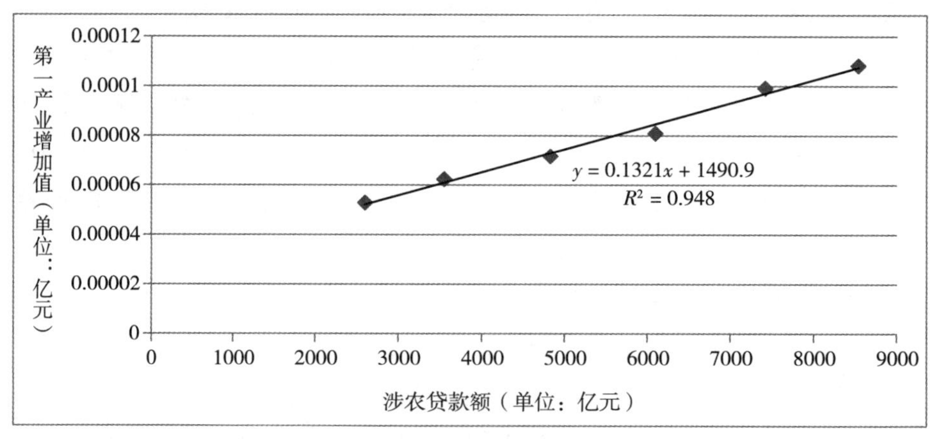

图 2-8　2010 年以来涉农贷款余额与第一产业增加值的回归关系

数据来源：安徽省银监局、安徽省统计局。

单位第一产业产值，说明金融供给的增加，有效推动了地方经济的发展，安徽省农村普惠金融供给的宏观经济效率显著。

（二）普惠金融对农民收入贡献度

本节采用安徽省 2010—2015 年农村居民可支配收入与全省金融机构发放涉农贷款余额数据，衡量普惠金融对农村居民收入增长的贡献。两项数据都保持增长趋势，表明二者变化可能存在相关关系；将这两项数据做回归后（图 2－9），发现二者相关程度很高，每增加 1 单位贷款，就能增加 9×10^{-9} 单位农村居民的收入，说明金融供给的增加，有效增加了农村居民收入，安徽省农村普惠金融供给的微观经济效率显著。

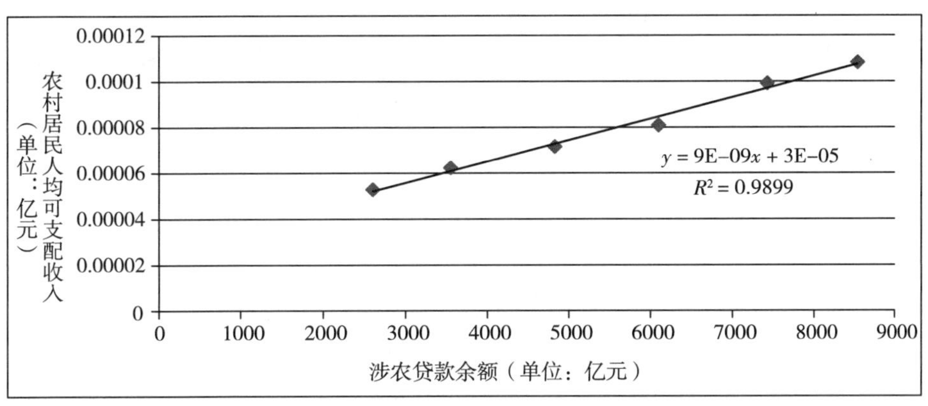

图 2－9　2010—2015 年涉农贷款余额与农村居民人均可支配收入回归关系

数据来源：安徽省银监局、安徽省统计局。

三、普惠金融服务可持续性增强

中央对农村普惠金融体系发展要求不只是广覆盖，满足农民金融需求，还必须可持续，能长期提供农村金融服务。金融机构可持续发展能力指的是一种无须任何外部补贴或扶持的独立自主的发展能力。基于数据的可得性等因素，本节选取金融机构资产总额、不良贷款率等指标衡量农村金融机构可持续发展能力。

（一）普惠金融机构资产总额逐年增长

以安徽省农村普惠金融主力——小型、新型金融机构为例，从两种样本金融机构资产质量统计数据看（图 2－10）：农村商业银行资产总额逐年增加，从 2010 年末的 3335 亿元增长到 2015 年末的 8787.9 亿元，增长率接近 200%；新型农村金融机构总资产额从 2010 年末的 45 亿元增长到 2015 年末的 867 亿元，增长率近 18.27%。表明农村普惠金融机构资金实力显著增强，支农服务能力明显加大。

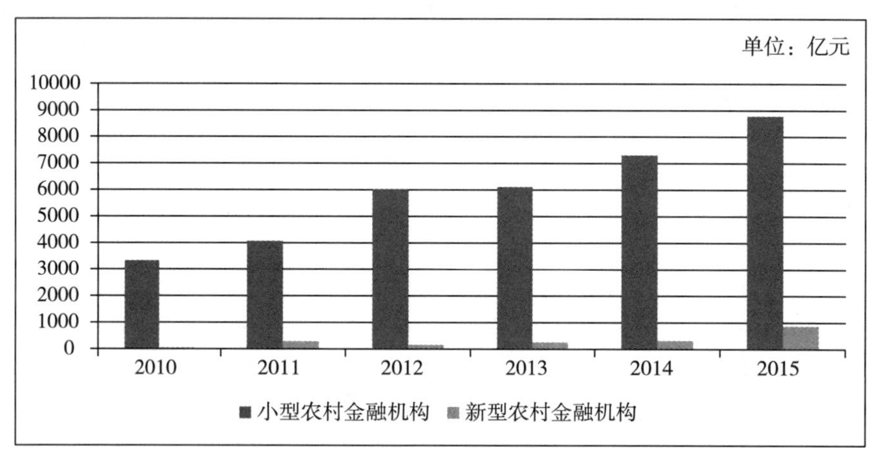

图 2－10　农村小型、新型金融机构资产总额

注：小型农村金融机构包括：农村商业银行、农村合作银行、农村信用合作社；新型农村金融机构包括：村镇银行、贷款公司、农村资金互助社。

数据来源：安徽省银监局。

（二）普惠金融机构不良贷款率低于全国平均水平

截至 2014 年末，全省 83 家农商银行平均不良率为 2.35%，低于全国 1.42 个百分点，较 2002 年大幅下降；依据收集到的安徽省 14 家农村商业银行年报披露的信息，14 家农商行 2015 年平均不良贷款率为 2.91%，其中最高不良率为 4.86%，最低为 1.33%，同期全国小型金融机构不良率为 4.33%，安徽省农商行不良率低于全国均值，说明安徽省农商行风险防控能力明显增强，经营管理水平提高，可持续发展能力进一步增强。

（三）资本充足率提高，资本利润率增长

2014 年末，安徽省农商行平均资本充足率 11.40%，有 81 家农商银行资本充足率（巴塞尔协议Ⅲ口径）在 10.5%以上，而 2002 年前

只有2家机构高于这一比例；平均拨备覆盖率199%，而2002年前全省农合机构没有一家能达到这一标准；资产减值准备达190亿元，风险抵补能力极大增强。2014年全省农商银行营业收入突破430亿元，是2002年的近18倍；实现净利润由2002年的－0.49亿元扭亏为盈到2014年的73.37亿元；平均资本利润率14.5%、平均资产利润率1.1%，均大大高于2002年水平，说明抗风险能力和盈利能力显著增强。

四、普惠金融制度供给逐步完善

普惠金融政策的贯彻实施，离不开政府有关部门的引导。中国人民银行、财政部和相关金融监管部门积极促进农村普惠金融健康发展，引导金融机构为农村地区低收入阶层提供价格合适的金融服务，为农村普惠金融发展创造适宜的政策环境。自党和政府确立推进普惠金融的方针政策以来，安徽省政府、银监局及时制定本省普惠金融发展政策和规划，积极推进本省的普惠金融事业发展，政策目标明确，措施得当。

（一）农村金融综合改革试点工程成效显著

2012年6月，时任全国人大常委会委员长吴邦国同志深入安徽省金寨县考察调研扶贫开发工作，提出在金寨县试点农村金融综合改革。此后，安徽省先后在金寨、凤台启动了农村金融综合改革试点工作，打通农村金融服务“最后一公里”，成效明显。

2014年10月，安徽省政府决定将改革扩大到全省20个农村综合改革试点县（区）。2015年2月，省政府出台了《安徽省人民政府关于全面深化农村金融综合改革的意见》（以下简称《意见》），共30条政策措施，农村金融综合改革由原有的20个试点县（区）向全省县域全面推开。《意见》提出加快建设信用体系，主要包括以县（市、区）为单位建立动态征信数据库和加强信用信息运用；改善金融基础设施，包括实施基础金融服务“村村通”工程和加强农村支付体系建设。改革目标为：到2017年，县域存贷比达到65%左右；农村保险深度和密度进一步提升；县域直接融资比重有较大幅度提高；县域融资担保放大倍数达到5倍以上；农村金融基础设施现代化水平明显提升；县域征信体系全面建成；涉农金融机构特别是地方法人金融机构进一步发展壮大。基本形成多层次、广覆盖、低成本、可持续的现代农村金融服务体系。

（二）土地确权等政策奠定金融产品创新基础

2014年4月1日，安徽省出台《安徽省农村土地承包经营权确权登记试点工作操作方案（试行）》，在省内20个农村综合改革示范试点县（区）全面开展。农村土地承包经营权抵押贷款试点，逐步缓解了农户和小微企业由于抵押品缺乏导致的融资难困难。以五河县为例，五河县在农村土地确权登记的基础上，由村委会与银行签订监管协议，农户以农地经营收益权和宅基地使用权进行抵押贷款，并创新了“企业评级＋信用担保＋财政贴息＋贷款投放”四位一体的信贷新模式，取得了较好的成效。目前共有20个县开展农地抵押贷款业务、16个县开展农房抵押贷款业务。2015年9月20日，安徽省政府出台《关于金融支持服务实体经济发展的意见》，提出设立续贷过桥资金、实施新型政银担合作机制、开展“税融通”业务、推进“两权”抵押贷款试点等12个方面的工作，进一步为金融产品创新指明了方向。

（三）“光伏扶贫”成为金融扶贫切入点

2015年6月17日，安徽省人民政府办公厅印发《关于实施光伏扶贫的指导意见》，推进贫困村和贫困户开展光伏扶贫，确保至2020年同步实现全面小康。各地金融机构结合区域产业特点、资源禀赋，与扶贫开发相结合，岳西、利辛、金寨等7个贫困县通过农村产业发展带动扶贫开发，大力推进金融支持“光伏扶贫”工程，截至2015年末，全省已发放光伏扶贫项目贷款1.2亿元，受益贫困户8367户。

（四）普惠金融发展实施意见确立了发展前景

2014年6月18日，安徽省政府出台《关于金融服务“三农”和实体经济发展的意见》，提出了深化金融体制机制改革、大力发展普惠金融等十个方面的实施意见。2016年6月1日，为推进普惠金融发展，增强所有市场主体和人民群众金融服务获得感，安徽省政府印发《安徽省人民政府关于推进普惠金融发展的实施意见》（以下简称《意见》)，提出到 2020 年，建立与全面建成小康社会相适应的普惠金融服务和保障体系，有效提高金融服务可得性，特别是让小微企业、农民、城镇低收入人群、贫困人群和残疾人、老年人等及时获取价格合理、便捷安全的金融服务。《意见》紧密结合安徽金融改革发展实际，从提高金融服务的覆盖率、可得性和满意度出发，提出推进普惠金融发展各项任务及措施；对于国家推进普惠金融发展的任务要求，均结合本省实际进行细化。其中，对深化农村合作金融机构改革，推进全省农村金融综合改革，推广续贷过桥资金、“4321”新型政银担合作模式、“税融通”业务等本省金融改革发展持续推进的工作，在原有工作基础上进一步延续深化，突出体现了安徽特色。

第二节　农村普惠金融供给存在的问题

安徽省普惠金融在覆盖广度、深度等方面都有明显的改善，可持续发展能力有所增强，提供的制度保障也在逐渐完善，总体来看取得了一定的成绩，但依然存在着一些问题。

一、金融机构网点覆盖不均衡

从普惠金融覆盖广度指标分析中，发现 2011—2015 年末，安徽省农村普惠金融机构主力军小型、新型金融机构网点数量除 2012 年外，其余年份均保持增长（图 2 - 3），与上年相比增长比率分别为：13.34、—10.25、3.59、2.88、16.73 个百分点。按照全省乡镇 1249 个计算，2010—2015 年，平均每个乡镇小型、新型金融机构网点分布总量最少为 2010 年的 2.37 个，最多为 2015 年的 3 个；但从调查的某县金融网点分布数据看，该县 2012—2015 年历年乡镇数量都是 11 个，乡镇金融机构网点数量分别是 3、4、5、5 个，说明 2012 年以来，该县有多半乡镇银行网点空白，POS 机或其他存取款设备数分别为 6、8、8、10 个，说明该县存取款设备也没实现全覆盖。

该县与全省总体在小型、新型金融机构网点分布数量的偏离，存在金融机构网点覆盖不均衡现象，说明安徽省部分地区普惠金融覆盖广度还有待提高。

二、农村地区资金外流依然存在

从普惠金融覆盖深度指标分析中发现，自 2012 年普惠金融实施以来，涉农贷款额增长迅速，同比增速分别为 26.5%、23.3%、17.3%、14.9%（图 2-5），均高于同期各项贷款增速。说明金融机构投放于农业贷款逐年增加，普惠金融深度得以增加。

但从调查的某县数据看，2012—2015 年该县历年乡镇金融机构存款总额分别为：102.78 亿元、106.47 亿元、119.4 亿元、123.4 亿元，贷款总额分别为：47.52 亿元、51.63 亿元、59.72 亿元、63.9 亿元，相应存贷比为：46.2%、48.5%、50%、51.8%，虽然存贷款余额历年都在增长，存贷比逐年上升，但是存贷比不高，说明县域吸储多于放贷，资金依然大部分外流，而不是被用来支持本地经济发展。从调查的 6 家金融机构来看，农户贷款额占总贷款比率最高为 62.7%，最低为 3.1%，其余为 60%、56.2%、54.1%、19.7%，说明农民贷款可获得性依然不高，逆向资金流动有待扭转，普惠金融覆盖深度还有待进一步深化。

三、适合农民需求的金融产品和服务供给不足

虽然土地确权等政策已经出台，为金融机构产品创新提供了一定的政策保障，金融机构产品和服务在缓慢增长，但还没有实现乡镇网点全覆盖，金融产品和服务依然不足。

从调查的 6 个金融机构样本来看，其提供的金融产品和服务主要包括存款、生产性贷款、消费贷款、支付、汇兑结算、保险产品、各类惠农补贴代理发放、代收代付等；接受的抵押物类型中，3 家农村信用合作社可接受的抵押物类型包括：国有出让土地、房产、车辆、设备、农房；2 家农村商业银行可接受的抵押物类型包括：国有出让土地、房产；1 家农业发展银行可接受的抵押物类型包括：国有出让土地、房产及其他。

从 6 个金融机构样本来看，机构提供的金融产品和服务种类较多，但是能接受的抵押物较少，使得农户等部分农村资金需求者考虑到过高的交易成本和贷款拒绝率，认为自己肯定不能获得贷款而放弃申贷努力，说明这些金融服务并非切实从农民自身需求出发，限制了农户信贷的可获得性，供给型金融抑制现象依然存在。金融产品和服务只限于传统业务领域，产品创新较少，理财等业务领域在农村基本空白。

四、部分农村金融机构经营管理效率偏低

金融机构经营管理效率事关其盈利能力、可持续发展能力。如果农村金融机构经营管理能力低下，虽然由于其服务对象的特殊性，可能获得国家政府给予的扶持政策，如专项中央银行票据、专项借款、企业所得税优惠、营业税优惠等，但补贴等优惠政策一旦取消，这样的金融机构就会陷入生存危机，相应影响到农村金融供给。

通过对安徽省某家金融机构资产质量调查数据可知，该家农村信用合作社从 2013—2015 年正常类贷款占比从 90%逐年下降为 87%、85%，不良贷款占比分别为 7%、8%、9%，不良贷款比率逐年上升，表明该农信社经营管理水平有待提高，可持续发展能力有待增强。

五、农村普惠金融立法滞后

农村金融风险大、成本高、收益低，商业金融机构支持“三农”的内生动力不足，因此农村普惠金融政策推行中，还需政策金融、合作金融、民间金融、公益性小额信贷组织等的参与。随着农村金融改革的逐步推行，农村金融立法的滞后问题凸显出来。当前，我国调整农村金融的法律主要有《中国人民银行法》《银行业监督管理法》《商业银行法》等基本金融法，并没有专门调整农村金融市场法律关系的立法。日常农村金融的法律关系调整主要还是依靠相关部门的行政法规和规章。作为农村金融主体的农村信用合作社也没有专门的法律进行规范，依然处于多头管理的局面。同时，现今较为活跃并逐渐成为农村金融强心剂的农村民间金融也缺乏法律规制，严重影响到其功效的发挥和农村经济的发展。由此可见，农村金融立法迫在眉睫。

第三节 加强农村普惠金融供给的建议

由于农村金融市场的特殊性和复杂性，发展农村普惠金融既需要“自上而下”的制度设计，也需要“自下而上”的积极探索。制度设计需解决对普惠金融的指导思想问题，研究和制定包括政策性、商业性、合作性金融和民间金融协调发展和相互配合的完整的战略规划、执行计划、实施措施和监督考核制度；实践探索要总结、推广合适的经验，鼓励组织、制度、产品等创新。结合安徽省农村普惠金融供给存在的问题，提出以下建议。

一、优化农村普惠金融网点布局

鼓励正规金融机构开设普惠金融网点，引导大型商业银行履行社会责任，为发展普惠金融做贡献，支持各大银行和农村商业银行开设服务“三农”和小微企业的网点；进一步规范发展新型农村金融组织，探索小微信贷新模式，扩大县支行小微信贷审批权；争取在农业人口较多及小微企业集中的市辖区设立村镇银行；探索组建村镇银行金融服务公司；积极争取民营银行试点；稳妥开展农民合作社内部资金互助试点；鼓励有条件的地方建立合作性的村级融资担保基金；支持大型农机具生产企业发起设立主要服务“三农”的金融租赁公司；鼓励民间资本在县域发起设立融资租赁公司、典当行，鼓励民间资本建立中小银行，为中小银行建立存款保险制度；构造产业链金融和土地金融，充分利用农村经济资源规避农村金融风险。

发展普惠金融既要运用传统金融业态，也要利用 POS 机、手机银行、网上银行等新科技手段和 P2P 等新型互联网金融业态，改善农村金融需求主体分散、信息不完备、风险高的劣势，降低成本，克服信息不对称，为小微企业和弱势群体服务。

二、积极引导农村资金回流

金融机构将吸纳的农村储蓄资金转投风险低、成本低的大中型企业是普遍现象，其理由是农村不具备吸收太多资金的条件，但农村总体来说资金缺乏。解决这一棘手的“两难”问题的措施之一即：设立普惠金融发展基金，将所有金融机构每年营业收入的1%抽调出来放进“农村普惠金融基金”。这一基金，可以由国家指定用途、运营机构、运作流程和监督管理规则，统一调度。制定一套农村普惠金融发展基金管理办法来支持“三农”和农村小微企业，可以解决当前农村地区用不了这么多钱的矛盾，也可以解决存款主要用于农村的实际操作问题，集中起来的钱统一调度，就不会发生效率低下的状况，也不存在资金投不下去的问题。

积极落实农村金融机构定向费用补贴、县域金融机构涉农贷款增量奖励等政策。应加大金融政策支持力度，落实新增存款用于当地和商业银行新设县域分支机构信贷投放承诺制度。改进法人金融机构合意贷款管理，鼓励在风险可控的前提下多存多贷。进一步改进存贷比管理，增加存贷比指标弹性。灵活运用支农支小再贷款、再贴现、差别存款准备金率等政策工具，引导金融机构强化对县域的信贷资源配置，确保涉农和小微企业贷款增幅不低于各项贷款平均增幅。健全金融机构绩效考评体系，引导其统筹经济效益和社会效益，树立正确的目标导向。对符合条件的小微企业和“三农”融资担保贷款，可不列入存贷比考核范围；对银行不承担风险或者只承担部分风险的，可适当下调风险权重。

三、创新适合农民需求的金融产品、服务和渠道

普惠金融的主要任务是为传统或正规金融机构体系之外的广大中、低收入阶层甚至是贫困人口提供机会，为贫困、低收入人口和小微企业提供可得性金融服务，因此在实现普惠金融的过程中有必要对传统金融体系进行创新。

提高金融产品创新能力，增加适合农村金融主体需求的金融产品。

对于规模化经营的新型农业经营主体和农村中小企业，探索开展农地、宅基地、林地等抵押贷款，试点建立区域农村产权交易平台，并配备建立风险补偿或担保机制。鼓励农村金融机构根据需求主体的不同建立差异化涉农信贷管理体系，探索以大额订单、大棚设施、应收账款为标的的抵押贷款业务。大力推行农产品供应链融资，探索核心企业担保、同业互保等信贷新模式。同时，政府可以利用自身信息优势建立新型农业经营主体和农村中小企业名录数据库，利用互联网积极搭建与农村金融机构的信息服务交流平台，以提高涉农信贷的成功率。

四、提高农村金融机构经营管理效率

在调研的 6 家金融机构中，农村信用合作社的资产不良率偏高，经营管理能力有待提高，可持续发展能力不足，而安徽省农村信用合作社已经全部转制为农村商业银行，因此有必要推进农村信用社转制工作，加快产权改革，确保农村信用社及其产权改革取得实效，促进法人治理结构的完善和经营机制的转换。各级监管部门指导和督促全省农村商业银行建立“三会一层”架构，配备独立董事，设立三农委员会，进一步完善公司治理，健全内部运行机制，转换经营机制，深化内部改革；实施差异化监管，开展“合规文化建设年”活动，进一步完善内控制度，加强执行力建设，切实防范各类风险；规范标杆银行和流程银行建设，进一步完善服务手段，改进服务方式，提高服务效率，为地方经济发展做出新的贡献。

五、完善农村普惠金融促进法制建设

农村普惠金融供给主体具有多样性，大型商业金融机构有法可依，而政策性金融机构和一些新型金融机构缺乏法律约束，监管不到位，是其不规范发展的主要原因。

应尽快进行政策性金融、合作性金融的基本立法。只有健全完善的农村金融监管立法，才能保障农村政策性、合作性金融机构的改革朝着法制化和规范化的方向发展。因此，应加快立法进度，尽快构建《中国农业发展银行法》《合作金融法》等基本法律，只有这样才能对农村政策性金融、商业性金融、合作性金融等做出明确法律界定和规范，保证其服务三农功能的有效发挥。

应尽快健全完善现有的农村金融监管法律制度，特别是有关监管法律关系主体的规定，制定出与之相适应的具体实施细则，强化其可操作性，兼顾时效性与前瞻性；同时要对有关法律制度加以清理，尤其是对不适应农村经济环境的条款及时进行废除。

出台支持鼓励公益性小额信贷组织发展的政策。对公益性小额信贷组织，至今相关主管部门还没有具体的支持鼓励发展的政策法规，这类由社会组织或非政府组织开展的小额信贷活动，具有追求社会发展的使命、定位和功能，并努力追求自身的可持续发展，这些组织在欠发达和贫困地区的农村以小额信贷扶持低收入和贫困农户发展，所发挥的作用尤其显著。政府近年来多次重申支持和鼓励各种类型小额信贷组织的发展，希望支持鼓励公益性小额信贷组织发展的政策法规能早日面世。

六、提高农村普惠金融服务人员素质

生产力“三要素”中，人是最能动、最活跃、最根本的因素，要解放和发展生产力就必须不断提高劳动者的素质，不断提高劳动者的身体素质、科学文化知识和思想道德品质。21 世纪企业的竞争归根结底是人才的竞争，人才竞争力是构成企业核心竞争力最核心部分的，因而人力资源成为企业最宝贵的资源。谁能够发现人才，培养人才，努力创造环境和条件吸引人才，留住人才，用好人才，谁就能够抢占竞争高地。只有拥有人才，合理、高效地使用人才，才能拥有优势。因此，鼓励和引导县域金融机构以增强市场竞争力为目标，引进和培养各类专业人才，进一步提高县域金融机构从业人员素质，打造一支高素质的专业人才队伍，是提升农村金融机构竞争力的核心。

国务院关于推进普惠金融发展目标是：到 2020 年，建立与全面建成小康社会相适应的普惠金融服务和保障体系，有效提高金融服务可得性，明显增强人民群众对金融服务的获得感，显著提升金融服务满意度，满足人民群众日益增长的金融服务需求，特别是要让小微企业、农民、城镇低收入人群、贫困人群和残疾人、老年人等及时获取价格合理、便捷安全的金融服务，使我国普惠金融发展水平居于国际中上游水平。安徽省农村普惠金融发展距离国务院要求的普惠金融发展目标还有一段差距。

第三章　安徽农户融资研究

2016 年 1 月 27 日，国务院印发的《关于落实发展新理念加快农业现代化实现全面小康目标的若干意见》（“一号文件”），对未来一段时期“三农”改革发展工作进行了全面部署，尤其对农村金融改革与发展指明了方向。一号文件要求推动金融资源更多地向农村倾斜，加快构建多层次、广覆盖、可持续的农村金融服务体系，不仅能促进农村金融服务体系完备，也可将发展普惠金融、改善农民存取款和支付、激活农村金融服务链条、降低“三农”金融服务成本等要求落到实处，彻底扭转改善农村金融服务年年喊年年无法实现的现状。鼓励引导和规范发展农村互联网金融及移动金融服务，将推动“三农”金融服务现代化，使农民能享受更高效、低成本的金融服务，最终缩小城乡金融服务差距，消除金融服务两极分化。随后安徽省也发布了省委“一号文件”，文件在秉承中央“一号文件”的基础上，着重强调了农村金融的发展。农户作为农村金融的主体，了解其相关的融资情况对发展农村金融有着重要意义。本章针对这一问题从三方面来进行研究，分别是农户融资需求构成分析、农户融资现状与影响因素调查分析和对农户融资需求发展趋势。

第一节　农户融资需求构成分析

安徽省地处东部和中部地区的分界区域，是东中部地区的农业大省。全省总人口 6936 万人，其中农业人口 5362 万人，占全省总人口的 77.31%，耕地总面积为 140139.85 平方公里。2015 年，安徽省完成国内生产总值（GDP）22005.6 亿元，同比增长 8.7%，其中第一产业增加值 2456.7 亿元，增长 4.2%，对经济增长的贡献率为 4.2%；城镇人均可支配收入 26936 元，同比增长 8.4%；农村常住居民人均可支配收入 10821 元，比上年增长 9.1%。改革开放以来，我国农户获得了农业生产经营的自主权，生产经营活动日益多元化，生产规模逐步扩大，先进实用生产技术不断被采纳，导致农户产生了多样化的融资需求。安徽省的农业近些年得到快速发展，农户收入不断上升，生活水平也在不断上升。农户不再仅仅是进行简单的农业生产，越来越多的农户在扩大生产的规模。农户对资金量的需求越来越多，对资金需求种类也越来越多。对农户融资需求构成进行分析，有利于了解农户各类资金需求的构成，从而了解其中存在的问题。本节从农户融资需求基本情况和结构上的差异进行分析。

一、农户融资需求基本情况分析

我国一直很重视“三农”问题，改革开放以来，农村面貌有了翻天覆地的变化，农业发展水平不断提高，农民收入不断提升。安徽省近些年农业发展迅速，2015 年农民人均收入首超万元大关，达到 10821 元，略低于全国平均的 11244 元。这也反映在农户资金需求量的不断上升和需求种类的不断增加上。农业贷款总额也在逐年上升。根据农户融资需求的原因可以将农户融资具体分为一般农户融资需求、生存维持型信贷需求、发展方面的信贷需要和特殊的信贷需求。

（一）一般农户融资需求

一般农户融资需求包括农户的消费性融资需求、农业生产类融资需求以及创业导致的融资需求。

1. 消费性融资需求

农户消费性融资需求是由农户的各类消费引起的资金短缺，从而进行融资的需求。调查结果显示，农户一般消费性支出占比较低，年家庭消费支出超过 1 万元的占 5.5%，5000 元到 1 万元之间占 3.9%，5000 元以下的占 90.6%。农户家庭经济流动性相对较低，现金及活期存款占家庭总资产普遍低于30%，而且农户融资消费的意愿普遍不强。调查的农户中，有消费融资意愿的农户为23户，占调查样本农户的9.06%，实际有过消费性融资的用户为15户，占调查样本农户的5.91%。由此可见，农户总体的消费性融资需求非常低。

2. 农业生产类融资需求

农户农业生产类融资需求主要包括农户扩大耕种面积、更新添置生产工具、购置种子和肥料等生产资料、加工农作物等导致的融资需求。农户扩大耕种面积，承包耕地以及支付地租都会产生资金需求，这部分资金需求发生在生产的初始阶段；农户更新添置生产工具，如各种类型的农用机械，这部分的资金需求发生在生产的中期阶段；农户购置种子肥料等生产资料部分的资金需求也是发生在生产的中期阶段；农户对生产的农作物进行生产加工部分的资金需求是发生在生产的后期阶段。由调查结果可知，农户的农业生产类资金支出占总支出的比重相对较大，约62.2%的农户生产类资金支出占总支出的50%以上，其中扩大耕地面积方面用资占比35.9%，更新添置生产工具方面占比51.21%，农户购置种子肥料等生产资料方面占84.16%，农作物加工方面占15.84%。由以上可见，农户农业生产类融资需求比较大。

3. 创业导致的融资需求

创业导致的融资需求是指农户进行创业活动而产生的融资需求。随着国家对大众创业、万众创新的鼓励，广大农户不再单一地进行传统的农业生产，越来越多的农民投身到创业大军中来。他们选择的创业行业也不仅仅局限于他们所熟悉的农业。根据调查结果，17户（6.69%）农户有意愿进行创业。对于没有创业意向的农户，最主要的原因是由于目前没有这种打算，而且认为创业非常困难，不知道该干什么，如何创业。而对于有创业意向的农户，也只是停留在有意向上，没有做出任何的尝试，也不知道如何进行。就资金方面而言，基本上都选择先从亲戚朋友那借，实在不行才考虑银行借款。

由以上调查可知，农户对创业的积极性普遍偏低，对于有意向创业的农户，资金量的需求相对较小，基本上优先考虑从亲戚朋友那借取。

（二）生存维持型信贷需求

生存维持型信贷需求主要包括农户住房需要和农业生产投入导致的融资需求。

1. 住房导致的融资需求

近年来，随着农民收入的大幅提高，农民住房条件得到大幅改善。国家又出台农村危房改造工程，农户自主改善住房的愿望也大幅提升。但是住房条件的改善需要的资金量相对农户日常资金周转来说较大，这就使得大多数农户有这方面的融资需求。农户住房融资需求主要包括农户新建或改造住房的融资需求和租住房屋导致的融资需求。根据调查结果可知，自建住房的有 66 户（26.0%）。

2. 农业生产投入导致的融资需求

农业生产投入导致的融资需求是指农户在农业生产过程中产生的融资需求，主要包括农户租用耕地、种子化肥、农业生产机械的更新与购买、农作物的加工处理等方面产生的融资需求。由调查结果可知，农户主要的融资需求来自于生产设备投入方面，融资量平均在 3300 元左右。

（三）发展方面的信贷需要

农户发展方面的信贷需要主要包括农户家庭成员教育支出以及生产状况和管理方面导致的信贷需要。随着九年义务教育的普及，农户家庭成员教育支出主要来自初等教育以上的教育支出，以及职业技能教育支出。由调查结果可知，140 户（55.3%）农户有家庭成员正在接受教育。农户生产状况和管理方面的信贷需要主要是指农户扩大生产规模以及进行管理所产生的信贷需要。

（四）特殊的信贷需要

农户特殊的信贷需要主要来自于农户大病医疗以及婚丧嫁娶两方面。

1. 医疗导致的信贷需要

随着我国近年来医疗保障体系的完善，居民大病医疗报销种类和比例都在不断上升，居民医疗支出压力在不断减轻。但是农村居民收入相对较低，大病医疗支出相对较大，农户依然会有融资需求。由调查结果可知，农户大病医疗导致的资金量需要超过 1 万元的占 6.8%，5000 元到 1 万元之间占 8.4%，5000 元以下的占 84.8%。

2. 婚丧嫁娶导致的信贷需要

农户婚丧嫁娶导致的信贷需要是指农户家庭成员出现去世或结婚导致的融资需要。农户家庭出现婚丧嫁娶导致的资金需求相对紧急，资金量也相对较大。这就要求农户能尽快地筹集到所需资金。资金量的需求超过 1 万元的占 8.5%，5000 元到 1 万元之间占 15.2%，5000 元以下的占 76.3%。

由以上对农户的各类融资需求的分析可见，农户的资金需求面相对较广，资金量差异较大，资金需要的紧急程度也有不同。多元化的融资渠道很好地解决了农户的这些需要。接下来，报告将着重对入社农户的融资需求进行分析。

（五）入社农户融资需求

随着现代农业战略的推进，农民加入专业合作社，“为市场生产”成为一种趋势。截至 2013 年 9 月末，全国工商登记注册的农民专业合作社有 91.1 万家，入社农户 6838 万户，约占全国农户总数的 26.3%。可以说，入社农户正是现阶段农业生产经营中较活跃的主体。安徽省是全国建立农民专业合作组织较早的省份之一。近年来，在各相关部门的密切协作、合力推进和大力扶持下，农民合作组织呈现出良好的发展势头。截至 2011 年 9 月底，全省农民专业合作组织已发展到 21000 多个，其中在工商部门登记的专业合作社达到 18500 个，合作组织实际成员数达到 260 万户，合作社成员户与当地同类型非合作社成员户相比，一般收入可以增加 23%左右。报告对入社农户选择“农民专业合作社担保贷款”、“专业合作社农户小组联保贷款”、农村土地承包经营权抵押贷款、宅基地抵押贷款和组建农村资金互助社开展合作金融等新型融资方式的意愿进行了调查和统计分析。

由问卷调查的结果可知，农户对加入这类生产合作社是观望的，结果显示：①25 户（9.8%）农户愿意或参加了这类生产合作社。农户不愿意参加这类生产合作社的主要原因是入社门槛相对较高，自己的经营规模达不到条件，占比为 90.2%。②已参加这类生产合作社的农户中有 60%（15 户）在专业合作社的带动下扩大了种养规模。③在资金的借贷方面，64%的入社农户认为从金融机构贷款依然较为困难，且缺乏可利用的社会关系资源，主要原因为缺乏担保人或抵押品、银行贷款门槛高、贷款手续繁杂。④农户对“农民专业合作社担保贷款”和“农民专业合作社入社农户联保贷款”参与意愿低。农户在加入农民专业合作社之后，拥有向合作社赊购生产资料、获得免费技术指导的权利，但同时也拥有向合作社出售农产品的义务。因此，可借助农民专业合作社这一平台控制信贷风险开展新型的融资模式，如“合作社＋农户”的订单贷款形式。调查显示：75%的农户愿意由专业合作社提供担保，且同意通过专业合作社扣减销售款来偿还银行贷款。⑤80%的农户认可开展农地金融。农户对土地承包经营权抵押贷款、宅基地抵押贷款的认知程度不高，36%的农户有过了解。经过详细解释后，大部分农户认可并愿意参与这类农地金融。以上分析表明，入社农户对合作社担保贷款、联保贷款、农村土地承包经营权抵押贷款、宅基地抵押贷款和组建资金互助社等新型融资方式参与意愿较高。

以上对农户五方面融资需求的分析表明，农户主要的融资需求来自于亲戚朋友借贷方式。

二、农户融资需求结构上的差异性分析

从理论上来说，影响农户融资需求的因素是多方面的，报告在问卷设计的前期就参考了大量的文献和相关理论，概括为以下几方面的影响因素：农户的收入水平，文化程度，就业状况以及拥有的人力资源状况四方面。这四方面虽然不是影响农户融资需求的全部因素，但是已经包含了所有的主要因素。下面，根据问卷总结对农户融资需要结构上的差异性进行分析。

（一）农户收入水平结构差异性分析

农户主要的收入来源有：经营性收入、工资性收入、政策性收入以及财产性收入。经营性收入主要包括农户经营种植业和养殖业取得的收入，工资性收入主要来自于农户外出务工取得的收入，政策性收

入主要包括粮食直补、良种补贴以及农资综合性补贴，财产性收入主要是指来源于农民利用金融资产或有形非生产性资产获得的收入，如拥有土地房屋租金、机械器具租金、土地流转金、存款利息、股金红利、股票收益等财产收入。但调查数据显示农户收入的主要来源方式占比分化特别大，经营性收入（以种养殖业为主）占 38.46%，工资性收入（以外出务工收入为主）占 60.05%。

统计调查得出的安徽省农户的平均收入为 13720 元，相对于安徽省 2016 公布的数据（2015 年安徽省农村常住居民人均可支配收入为 10821 元）高了 26.79%。表 3－1 列出了农户贷款次数与人均收入间的简单关系，由表可以看出，随着农户收入水平的提高，贷款发生率总体上呈现一个下降的趋势，这从理论上也是可以进行解释的。由马斯洛的需求理论可知一个人最基本的需要是生理需要，其中最为重要的就是温饱需要。农户收入越低，其需要用来满足生理需要的花费占比就越高，这时无法避免的贷款就发生了。

表 3－1　农户贷款次数与人均收入关系

贷款次数	≤1	2	3	≥4
人均收入（万元）	1.3919	1.3174	1.0603	1.0516

家庭人均收入在 30000 元以上的农户贷款的比例为 3.94%，家庭人均收入在 20000 元到 30000 元之间的农户贷款的比例为 2.76%，家庭人均收入在 10000 元到 20000 元之间的农户贷款的比例为 7.87%，家庭人均收入在 5000 元到 10000 元之间的农户贷款的比例为 10.24%，家庭人均收入低于 5000 元的农户贷款的比例为 10.24%。可以看出，安徽省农民人均收入降低的同时贷款发生率是在上升的，这从侧面反映出安徽省农户贷款的主要目的是为了脱贫。在融资渠道的选择方面，家庭人均收入在 30000 元以上的农户主要选择银行贷款的融资方式（92.17%），家庭人均收入在 10000 元到 30000 元之间的农户主要选择银行贷款的融资方式（82.04%），家庭人均收入在 5000 元到 10000 元之间的农户主要选择私人借款的融资方式（74.33%），家庭人均收入低于 5000 元的农户也是主要选择私

人借款的融资方式（95.03%）。家庭人均收入偏低的农户可能是由于缺乏还款信誉或抵押物，只能去选择私人借款这类融资方式，而收入较高的农户由于资金需要量较大、有可供抵押的物品而选择银行贷款这类融资方式。

（二）农户文化水平结构差异性分析

从调查的数据可以看出，安徽省农户整体受教育水平良好，农户家庭成员最高文化程度为高中及以上的占比为 49.61%，详见表 3－2 所列，如图 3－1 所示。从表 3－2 可以看出，受访的农户中仅有 58 户（22.83%）接受过大专及以上教育，67 户（26.38%）接受过高中或中专教育，129 户（50.79%）接受过初中及以下教育。

表 3－2 农户文化程度与贷款发生率

文化程度	文盲	小学	初中	高中	中专	大专及以上
户数	18	24	87	52	15	58
占比（%）	7.09	9.45	34.25	20.47	5.91	22.83
贷款户数	6	11	31	15	5	21
贷款发生率（%）	33.33	45.83	35.63	28.85	33.33	36.21

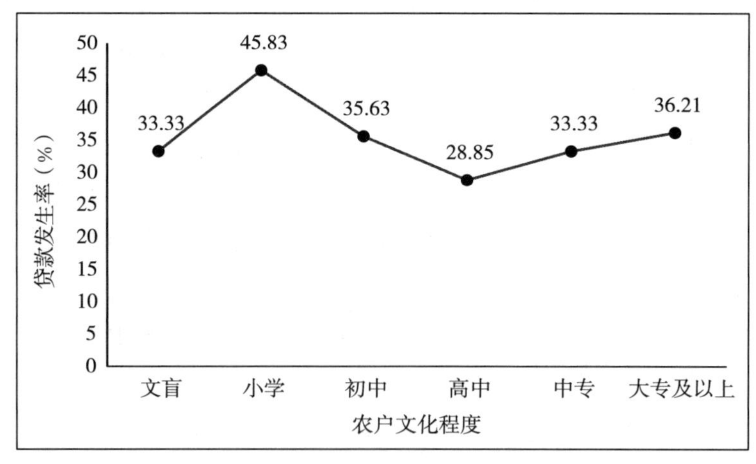

图 3－1 贷款发生率

从趋势图中可以看出，随着农户文化水平的增高，农户贷款发生率出现先上升后下降再上升的情况。接受过大专及以上教育的农户贷款发生率为36.21%，主要选择的是银行贷款类融资渠道；接受过高中或中专教育的农户贷款发生率为29.85%，主要选择的也是银行贷款类融资渠道；接受过初中或技校及以下教育的农户贷款发生率为37.21%，主要选择的是私人借贷类融资渠道。从以上数据分析可以看出农户受教育程度越高，对各类贷款方式的认知越全面，会根据自己所需资金的数额及期限结合各类融资渠道的特点做出最适合自己的融资决定，而文化程度较低的农户对各类融资渠道的认识可能存在部分缺失，或者对这些融资渠道的安全性存在顾虑，所以多选择最为熟悉的私人借贷这类融资方式。

（三）农户就业状况结构差异性分析

农户就业状况方面，主要分为农业就业和非农就业，其中非农就业主要为外出务工，具体数据见表3-3所列，如图3-3所示。由表3-3和图3-2可知，所有受调查的农户中有196户（77.17%）有家庭成员从事农业就业，有137户（53.94%）有家庭成员从事非农就业。在196户从事农业就业的农户中有67户贷过款，贷款发生率为34.18%；在137户从事非农就业的农户中有47户贷过款，贷款发生率为34.31%。数据显示不同受调查农户的就业类型的贷款发生率略有差异，但相对来说差异非常小，这可能是由于很多农户家中既有成员留在家中从事农业劳动，也有家庭成员外出务工。以上分析表明农户结构上的差异会导致农户贷款发生率的变化。

表3-3 农户就业类型与贷款发生率

类型	务农	外出务工
户数	196	137
占比（%）	77.17	53.94
贷款户数	67	47
贷款发生率（%）	34.18	34.31

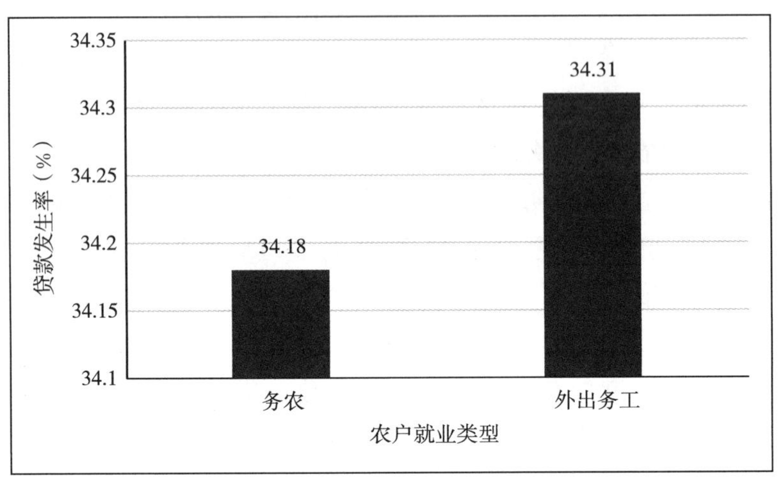

图3－2 贷款发生率

（四）农户拥有的人力资源状况结构差异性分析

农户拥有的人力资源状况主要是指农户是否有可利用的人际关系网络。调查结果见表3－4所列，如图3－3所示。由调查数据可知，有245户（96.46％）农户表示拥有可利用的人际关系网络，拥有可利用的人际关系网络的农户贷款发生率为34.69％。在这245户中，人际关系网络较差的为124户（50.61％），这类农户贷款发生率为33.06％；人际关系网络一般的为57户（23.27％），这类农户贷款发生率为45.61％；人际关系网络较好的为64户（26.12％），这类农户贷款发生率为28.13％。

表3－4 人力资源状况与贷款发生率

类型	人际关系网络较差	人际关系网络一般	人际关系网络较好
户数	124	57	64
占比（％）	50.61	23.27	26.12
贷款户数	41	26	18
贷款发生率（％）	33.06	45.61	28.13

对比可知，不同类型人力资源状况的农户贷款发生率具有一定的差异，但是差异相对不大。

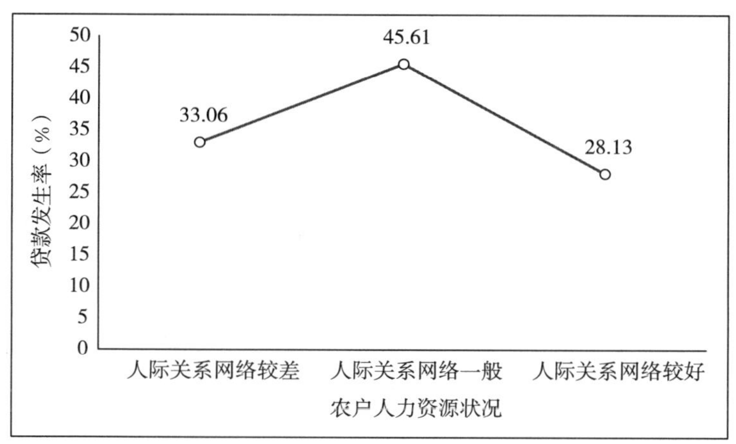

图 3-3　贷款发生率

三、小结

以上分析表明，安徽省农户融资需求构成较为复杂，不同类型融资需求的农户表现出不同的融资量需求以及融资渠道选择，目前主要来自于生存维持方面的融资需求。农户对新型农村金融的认识尚且不足，参与的意愿也相对不高，需要进行相应的推广宣传。收入水平、受教育程度、收入来源、就业状况和拥有的人力资源状况等对农户融资需求以及融资渠道的选择产生较大的影响，在解决农户的融资问题上应该结合这些方面制定解决办法。

第二节　农户融资现状与影响因素调查分析

本节将对安徽省农户融资现状与影响因素进行调查分析。先从理论层面来分析影响农户融资供给和需求的因素，进而分析农户的融资决策；然后对安徽省农户融资的现状进行分析，着重分析农户融资的渠道和可获得性，进而分析安徽省农户融资的特点；最后对影响农户融资的因素进行相关实证，找出这些因素的影响程度。

一、农户融资理论

（一）农户融资供求理论

任何经济主体开展正常的经营活动，都必须通过一定的过程从资金盈余部门筹措投资所需的资金，农户也不例外。农户组织形式，虽然经营管理方面不同于一般的企业，融资的方式及融资活动的运行有自身的特点，但就农户融资本身而言，也是从整个农户家庭发展的总体角度出发，把家庭收入中消费的剩余部分积聚起来用于扩大再生产，也就是将储蓄转化为对家庭的投资。因此，它能否融到资金，融到多少资金，就同企业等其他经济组织一样，也由融资的供给和需求所决定。

农户融资的供给主体，实际是农村从事投资活动的主体，它既可以是资金供给主体（或储蓄主体），也可以不是资金供给主体（或储蓄主体）。而农户融资的需求主体，则主要是农户。农户融资的供给总量和需求总量决定农户最终融资总量和融资成本。目前，我国农村经济生活中，农户融资的供给主体有信用社、银行、证券公司等，如何利用融资机构和融资工具这些媒介，以何种方式，银行借款、债券还是股票，愿意筹集投资多少，使储蓄或盈余资金转变为投资，真正满足农户家庭经营需要，都由农户融资供求总量和具体环境而定。

一般情况下，当农户融资的资金供给总量大于资金需求总量，则融资比较容易，融资成本较低；当农户融资的资金供给总量小于资金需求总量，则融资比较困难，融资成本较高；当农户融资的资金供给总量等于资金需求总量，则融资难易程度居中，融资成本居中。

融资的具体环境，尤其是国家政策方面的环境，则能够成为由储蓄向投资转化（或由转化）过程中、融资资本形成的重要推进器。如果政策大力支持，则农户融资资本容易产生，农户融资容易；反之，农户不容易筹集到资金。农户融资供求问题，不只是供给、需求、环境三方面，而是一个融资系统。它应当包括资金交易的双方即融资主体，融资客体，融资环境，以及主体双方之间、主体与客体之间关系及其调控方式，如融资方式、融资决策、融资风险控制等，需要全面分析。

在农户融资框架中通过融资方式、融资决策和融资风险控制来调控融资主体、客体和环境之间的关系。其中融资方式是核心，不同的融资方式决定了采取不同的融资渠道和手段，也决定了融资主体之间、融资主客体之间关系调控方式的不同。

（二）农户融资决策理论

作为市场经济中的一个理性主体，农户在日常生产经营中要面临许多决策问题，融资决策是农户生产经营中最重大的问题之一。

农户资金有限，需要在生活消费资金和生产投资资金之间均衡，做到最优化分配，达到一定预算约束下的消费效用最大化，又能够追求到最大化的生产利润；同时，农户生产资金，无论自身积累的自有资金，还是信贷资金、财政补贴等外部资金，这些资金的使用成本（如自有资金的机会成本和转变为生产要素的交易成本，外部资金取得成本、支付的利息以及将其转化为生产投资的交易成本），只有技术可行性条件下的整体资金使用成本最低，才能满足农户融资的需要。

农户融资离不开资本经营，为使追求的资本市场价值最大化，农户必须寻求最佳的融资结构。由于农户各种融资方式的收益和资金成本的大小、农户资金在生产和生活上的分配，及内源融资和外源融资的均衡等方面存在差异，在给定投资机会时，农户就需要根据自己的目标函数和收益成本约束，来选择合适的融资方式，以确定最佳的融资结构，从而使融资成本最小化，这个过程就是农户必须面临的融资决策。

具体来说，融资决策就是农户在融资时如何把握融资规模，充分利用各种融资方式的时机、条件、成本和风险的过程。融资决策的过程也是融资方案的选优过程。

农户资金包括自有资金和借入资金两部分。自有资金作为内源融资，是依靠农户自身积累取得的资金，包括农户工资性收入与家庭经营收入；借入资金作为外源融资指农户向其之外的其他经济主体（正规金融机构、非正规金融机构、个人）借入的资金。

近年来，随着安徽省经济的快速发展以及新农村建设的不断深化，农户的生活水平不断提高，各类需求也在不断增加，农户的产业逐渐多元化，不再局限于农业生产，自营工商业、养殖业、畜牧业以及外出务工等在农村地区快速发展，而这些生产经营行为都需要大量的资金，越来越多的农户为了发展产业以及改善生活，面临着资金短缺问题，融资需求不断扩大。然而，安徽省的农村金融发展存在着诸多的问题，农户在贷款方面遇到各类问题。如：农村金融市场不健全，正规金融网点过少，融资渠道有限，融资量受各种因素的制约。这些都严重影响了安徽省农村的各方面建设。报告接下来将对安徽省农户融资现状和相关影响因素进行分析，以期找出相关的制约安徽省农村金融发展的问题，并提出解决方案。

二、农户融资现状调查分析

农户在结构上有着不同的差异，各种融资渠道的特点和限定条件也有很大差别，这很大程度上影响了融资的选择。因此，报告将结合农户自身的特点以及各类融资渠道的特点，从融资渠道的选择和融资可获得性方面进行分析。

（一）农户融资渠道的选择

农户融资是指以农户授受信用为主体的行为，包括农户与正规金融机构（银行和非银行金融机构，如商业银行、信用合作社等）、非正规金融机构以及农户与乡村企业和个人之间的融通资金活动。它包括融入资金和融出资金两方面。融入资金是指农户在资金短缺时，从正规金融机构或其他非正规渠道借入资金的行为；融出资金是指农户出于对资金安全的考虑，将闲余资金以储蓄的形式存入正规金融机构，或者以获取收益为目的，通过一定的方式借给其他组织进行投资，或者将闲置资金无偿借给亲友的“两情”借贷行为。正规渠道融资是指农户与正规金融组织进行资金融通的行为。农村正规金融组织主要是指农村信用社、邮政储蓄、农业银行、村镇银行，在一些经济较为发达地区，股份制商业银行和城市商业银行以及一些非银行金融机构（保险公司、投资公司等）也为农户提供着金融服务，他们也是受国家监管的正规金融机构。非正规渠道融资是指农户的资金融通行为发生在非正规金融之间。农村非正规金融融资主要是指亲朋好友之间的资金融通行为、民间集资行为、私人放贷行为，以及所有处于中央货币当局或者金融市场当局监管之外的金融交易行为。

这里将其总结为以下四种融资渠道：亲戚朋友借贷、民间私人借贷、信用社或商业银行借贷和小额贷款公司借贷。亲戚朋友借贷是指农户在有资金需要时从亲戚朋友处融入资金，这种借贷具有资金获得性高、期限限制少、资金成本低、整个融资过程短等特点；民间私人借贷主要是从资金富余人处融入资金，常见的类型为高利贷，这类借贷具有资金获得性高、有严格的期限限制、资金成本很高、整个融资过程短等特点；信用社或商业银行借贷是指农户从正规金融机构贷款，这类借贷具有资金获得性较低、有严格的期限限制、资金成本较低、整个融资过程较长、审批程序繁琐等特点；小额贷款公司借贷是指农户从正规的贷款公司处借贷，具有资金获得性一般、期限限制较为严格、资金成本较高、整个融资过程较短、审批较为严格等特点。由于信用水平不高、缺乏相应的抵押物、融资量小等特点，农户在融资过程中常常受到制约。接下来根据实际的调研结果对这一方面进行分析。表 3－5 中列出了选择不同借款渠道的农户数量以及占比情况。

表 3－5　借款渠道选择分布

借款渠道	亲戚朋友	民间私人	信用社或商业银行	小额贷款公司
户数	49	25	33	3
占比（%）	44.55	22.73	30	2.72

从表 3－5 可以看出，一共有 110 户农户目前有融资需要，这部分农户在融资渠道的选择上分布为：选择亲戚朋友借贷为 49 户（44.55%），民间私人借贷为 25 户（22.73%），信用社或商业银行借贷为 33 户（30%），小额贷款公司借贷为 3 户（2.72%）。从中可以看出农户在选择融资渠道方面是以亲戚朋友这种借贷方式为主的。选择亲戚朋友借贷主要是出于以下考虑：所需资金量不大，借贷程序灵活，期限可商议性强，无须担保抵押物等。

选择亲戚朋友借贷方式的 49 户农户的年龄结构为：20～40 岁 13

户（26.53%），40～60 岁 27 户（55.10%），60 岁以上 9 户（18.37%）；家庭成员最高文化程度结构为：小学 7 户（14.29%），初中 22 户（44.90%），高中 14 户（28.57%），中专及以上 6 户（12.24%）；收入状况结构为：家庭人均收入低于 5000 元的 19 户（38.78%），5000～10000 元的 15 户（30.61%），10000～20000 元的 8 户（16.33%），高于 20000 元的 7 户（14.29%）；贷款用途结构为：生产性融资 20 户（40.82%），非生产性融资 29 户（59.18%）。可见选择亲戚朋友借贷方式的农户年龄普遍偏年长，家中最高文化程度水平普遍偏低，且家庭人均收入水平也偏低，借款用途多用于非生产性。这类农户大多只认可这类借贷方式，对其他类型的融资方式缺乏全面正确的认识。

选择民间私人借贷方式的 25 户农户的年龄结构为：20～40 岁 10 户（40.00%），40～60 岁 9 户（36.00%），60 岁以上 6 户（24.00%）；家庭成员最高文化程度结构为：小学 2 户（8.00%），初中 15 户（60.00%），高中 6 户（24.00%），中专及以上 2 户（8.00%）；收入状况结构为：家庭人均收入低于 5000 元的 5 户（20.00%），5000～10000 元的 11 户（44.00%），10000～20000 元的 6 户（24.00%），高于 20000 元的 3 户（12.00%）；贷款用途结构为：生产性融资 13 户（52.00%），非生产性融资 12 户（48.00%）。可见选择民间私人借贷这类融资方式的农户年龄偏年轻，且家中最高文化程度水平多在初中和高中程度，家庭人均收入水平一般，集中于 5000～10000 元之间，生产性融资和非生产性融资各占一半左右。这类农户的思维相对开放，对新生的事物接纳性稍强，敢于做出一定的尝试。

选择信用社或商业银行借贷方式的 33 户农户的年龄结构为：20～40 岁 16 户（48.48%），40～60 岁 11 户（33.33%），60 岁以上 6 户（18.18%）；家庭成员最高文化程度结构为：小学 4 户（12.12%），初中 9 户（27.27%），高中 16 户（48.48%），中专及以上 4 户（12.12%）；收入状况结构为：家庭人均收入低于 5000 元的 6 户（18.18%），5000～10000 元的 13 户（39.39%），10000～20000 元的

10户（30.3%），高于20000元的4户（12.12%）；贷款用途结构为：生产性融资20户（60.61%），非生产性融资13户（39.39%）。可见选择信用社或商业银行融资方式的农户年龄更为年轻，且家庭成员最高文化程度普遍较高，家庭人均收入水平较高，生产性融资占比更高。这类农户接受新生事物能力较强，具有一定的抵押物，所以选择要求更为严格的银行贷款。表3-6列出了选择不同融资渠道农户的构成情况。

表3-6 选择不同融资渠道农户的构成情况

类型		亲戚朋友	民间私人	信用社或银行
年龄结构（%）	20～40岁	26.53	40.00	48.48
	40～60岁	55.10	36.00	33.33
	60岁以上	18.37	24.00	18.18
家庭成员最高文化程度结构（%）	小学	14.29	8.00	12.12
	初中	44.90	60.00	27.27
	高中	28.57	24.00	48.48
	中专及以上	12.24	8.00	12.12
家庭人均收入结构（%）	5000元以下	38.78	20.00	18.18
	5000～10000元	30.61	44.00	39.39
	10000～20000元	16.33	24.00	30.30
	20000元以上	14.29	12.00	12.12
贷款用途结构（%）	生产性融资	40.82	52.00	60.61
	非生产性融资	59.18	48.00	39.39

（二）农户融资可获得性

农户在进行资金借贷时，选择不同的融资渠道，获得的资金量是不同的，往往无法完全融到所期望的资金量。这主要取决于农户所选择的融资渠道。这里选择农户实际融资额是否等于期望融资额来衡量农户融资可获得性，具体是看每种类型中获得期望融资额的户数占这类型总户数的比重。表3-7列出了选择不同借贷方式的融资可获得性情况。

表 3-7 不同类型借贷方式的融资可获得性情况

借贷类型	亲戚朋友	民间私人	信用社或商业银行	小额贷款公司
各类型融资可获得性（%）	95.38	82.74	63.45	100

从表 3-7 中可以看出农户选择各类融资方式的融资可获得性分别为：亲戚朋友借贷（95.38%），民间私人借贷（82.74%），信用社或商业银行借贷（63.45%），小额贷款公司借贷（100%）。不同收入等级农户的资金需求数量、融资目的有所不同。但在发放贷款时，正规金融机构总是将农户的收入、资金的用途作为重要的考虑因素，而非正规金融组织没有严格的制度约束，对于贷款是用于生产还是用于消费并不硬性约束，可以说，它更能满足需求多样化的农户，因此，农户通过非正规金融机构融资的可获得性高于正规金融机构。对于非正规金融机构而言，亲戚朋友借贷和民间私人借贷出于贷出方资金量的限制经常会导致农户无法借得期望的资金量，小额贷款公司出于收益考虑，往往会给予借款人期望的资金量。

三、农户融资需求的影响因素调查分析

（一）农户融资环境

任何农户都是在一定环境下各种经济资源的有机集合体，农户的所有经济活动都是在一定的环境下进行的，包括融资活动。融资环境就是农户融资活动正常进行所依赖的内外部条件，也就是融资的宏观环境和微观环境。

农户融资的外部宏观环境主要有：①政治法律环境。指一个国家和地区的政治制度、经济体制、方针政策、法律法规等方面。随着改革开放政策的实施，我国国内政局稳定，经济日益活跃，产业政策、外汇政策和税收政策等各项政策日益完善，与国际惯例的逐步接轨，为外资进入中国提供保证，使农户筹资区域扩大，筹资数额逐年增加，方式也更加多样化。②经济环境。是指农户经营过程中所面临的各种经济条件、经济特征、经济联系等客观因素的总和。近年来我国经济保持平稳、高速的发展势头，物价得到有效控制。这一切都表明，我

国有着巨大的市场潜力与发展机会，同时也为国内外大量的资金提供了理想的投资出路。③市场环境。融资过程是资金配置的过程，需要一定的市场条件，融资的市场环境主要包括资本市场、证券市场、产权市场等。近年来我国的资本市场、证券市场和产权市场都有了迅猛的发展，但是还需要进一步规范和健全。④技术环境。是一个国家和地区的技术水平、技术政策、新产品研发能力以及技术发展动向等方面的总和。这些因素对融资也有重要的影响。

农户微观环境是指直接影响农户生产经营条件和能力的因素，既包括行业状况、竞争者状况、供应商状况及其他公众的状况等外部条件，也包括农户经营者的能力、人力资源开发的现状和政策、组织结构、管理制度、研究开发情况等农户的内部条件。

尽管不同类型的农户融资的需求动机有所差异，但总体上来说主要是用于消费和投资。根据永久性收入假设和生命周期假设，理性农户选择生命周期内最优消费计划是根据预期的永久性收入来进行跨期配置，当农户当前的最优消费大于生命周期净财富和当期收入之和时，如果没有其他经济资源可用，基于平滑消费的需要农户将选择融资。作为消费者，农户融资需求是为了获得最优消费带来的效用最大化，以生命周期内获得的收入预期为基础而产生了融资行为。农户融资成本是指农户使用资金而付给资金借贷者的报酬。在市场经济条件下，农户融资是一种市场行为，因而有市场交易费用；农户为了能够获得资金的使用权，就必须付出相应的代价。农户融资成本总体上来说，包括融资费用和资金的使用费用。

从农户融资的动机出发，分析影响农户融资的多种具体因素，包括农户自身因素和各种外部因素。融资成本高低、融资风险大小也都会影响到农户的融资。总体上来说，影响农户融资需求的主要因素是农户自身与外部，微观主体和宏观环境，是一个复合的、动态的、多层次的因素集。报告总结出以下七类影响因素：农户家庭年收入、农户家庭总资产、农户资金状况、农户重大数额的生活费支出、农户生产经营规模、农户扩大投资的意向、贷款利率等。将前四类因素归为农户消费性融资影响因素，后两类因素归为投资性融资影响因素，最后一类归为融资成本因素。具体的指标选择如下：用农户 2015 年家庭年收入作为农户家庭年收入的代理变量，用农户家庭是否有存款作为农户资金状况的代理变量，用农户家庭年生活费支出作为农户重大数额生活费支出的代理变量，用农户家庭土地亩数作为农户生产经济规模的代理变量，用农户生产性投入资金量变化作为农户扩大投资意向的代理变量。

农户会根据家庭年收入、家庭总资产、资金状况以及重大数额的生活费支出来计划自己的消费和融资。而影响农户投资计划的因素主要是农户的风险偏好和市场风险。农户会根据自己的生产经营规模、扩大投资的意向以及贷款利率来安排自己的融资计划。接下来，报告将基于调查取得的数据利用统计分析来验证农户是否需要融资的影响因素。

由于不同类型的结构差异，农户会将不同类的影响因素作为主要影响因素。表 3－8 列出了七类影响因素被农户视为最主要因素的次数。

表 3－8　各类影响因素被农户视为最主要因素的次数

影响因素	家庭年收入	家庭总资产	资金状况	重大数额生活费支出	生产经营规模	扩大投资意向	贷款利率
次数	16	21	32	29	73	63	20
占比（%）	6.30	8.27	12.60	11.42	28.74	24.80	7.87

从表 3－8 中可以看出各类影响因素被列为最主要影响因素的次数分别为：农户家庭年收入 16 户（6.30%）、农户家庭总资产 21 户（8.27%）、农户的资金状况 32 户（12.60%）、农户重大数额的生活费支出 29 户（11.42%）、农户生产经营规模 73 户（28.74%）、农户扩大投资的意向 63 户（24.80%）、贷款利率 20 户（7.87%）。在七类影响因素中，被农户选为最重要影响因素的两类分别是农户生产经营规模和扩大投资的意向。最少的两类是家庭年收入和贷款利率。农户由于资金的短缺才会进行相关的融资活动，对于农户而言产生加大资金缺口的就来自于生产经营规模的变化和扩大投资的意向，这两类投资

不仅前期需要大量的资金投入还需要大量人力资本的投入，后期还要不断投入。对于农户家庭年收入和贷款利率两类影响因素而言，农户一旦产生了资金的需要，这类影响因素对已有决定的影响是非常有限的。

由于选择其他类影响因素的农户数量相对较少，这里主要分析最主要的农户生产经营规模变化因素和扩大投资的意向因素。表 3－9 列出了选择农户生产经营规模和扩大投资意向因素的农户构成情况。

表 3－9 选择农户生产经营规模和扩大投资意向因素的农户构成

类型		农户生产经营规模	农户扩大投资的意向
年龄结构（%）	20～40 岁	60.27	61.90
	40～60 岁	35.62	36.51
	60 岁以上	4.11	1.59
家庭成员最高文化程度结构（%）	小学	6.85	3.17
	初中	32.88	33.33
	高中	52.05	53.97
	中专及以上	8.22	9.52
家庭人均收入结构（%）	5000 元以下	9.59	6.35
	5000～10000 元	24.66	33.33
	10000～20000 元	38.36	26.98
	20000 元以上	27.40	33.33

选择农户生产经营规模变化类影响因素的农户相关结构构成为：年龄结构为 20～40 岁占 60.27%，40～60 岁的占 35.62%，60 岁以上的占 4.11%；家庭成员最高文化程度结构为小学占 6.85%，初中占 32.88%，高中占 52.05%，中专及以上占 8.22%；家庭人均收入结构为 5000 元以下占 9.59%，5000～10000 元占 24.66%，10000～20000 元占 38.36%，20000 元以上占 27.40%。可见，这类农户年龄偏年轻，家庭成员具有较高的文化水平，而且家庭人均收入相对富足。

选择农户扩大投资意向类影响因素的农户的相关结构构成为：年龄结构为 20～40 岁占 61.90%，40～60 岁的占 36.51%，60 岁以上的占1.59%；家庭成员最高文化程度结构为小学占3.17%，初中占33.33%，高中占53.97%，中专及以上占9.52%；家庭人均收入结构为5000元以下占6.35%，5000～10000元占33.33%，10000～20000元占26.98%，20000元以上占33.33%。可见，这类农户与上面类型的农户具有相同的特点：年轻化，具备一定的文化水平，收入较高。

（二）模型的建立

由于所要研究的是安徽省农户融资需求的影响因素分析，不同特征的农户在融资意愿和实际获得融资方面都存在差异，农户面临的是在提供的决策中做出选择，与通常情况下因变量是连续的假定不相符，无法使用连续性变量的估计方法，面对这种情形，通常采用离散选择模型或者受限因变量模型进行实际问题的分析。此次问卷调查了2015—2016年安徽省农户在生产生活中是否有融资事件发生，即农户是否存在融资意愿和是否进行融资行为的问题。基于农户效用最大化理论及理性选择的行为，研究将用Normal-Probit模型进一步考察影响安徽省农户融资需求的各类因素。由于二元选择模型的被解释变量只取两个值0和1，因此又被称为潜在变量。为此报告将标准Probit模型表示为：

$$\text{prob}\left(Y=\frac{1}{X_i}\right)=\int_{-\infty}^{z} e^{\frac{-t^2}{2}}\,dt=F(Z) \quad (3-1)$$

$$Z=\alpha+\beta X_i+u_i \quad (3-2)$$

式中，$\text{prob}(Y=0/X_i)=1-F(Z)$。

当$z=1$时，表示农户具有融资意愿；当$z=0$时，表示农户暂时不具有融资意愿。将农户家庭年收入、农户家庭总资产、农户的资金状况、农户的重大数额生活费支出、农户生产经营规模、农户扩大投资的意向、贷款利率纳入模型中，进行更深一步的分析。

为了综合考察有融资需求农户的行为，本文将上述模型进行相应的衍生，表示为：

$$Z_i=\alpha+\gamma_i X_i+u_i\text{，}RHS>0 \quad (3-3)$$

$$Z_i=0\text{，}RHS\leqslant 0$$

式中，当 $RHS \leqslant 0$ 时，即农户没有融资意愿的情况，那么 Z 的所有赋值被定义为0，称这些数据在0处进行了左截取且无右截取点，此模型被称为规范的审查回归模型。当 $RHS > 0$ 时，即农户有融资意愿的情况，那么农户实际的融资量受到各类因素的共同影响。为使所得结果更为准确，将 Z 进行自然对数处理，以降低模型的异方差性。

（三）实证分析

报告采用 Eviews 7.0 对农户融资意愿的影响因素进行估计，得出的分析结果如下：农户的家庭年收入、农户的重大数额生活费支出、农户生产经营规模、农户扩大投资的意向在90%的置信水平下均显著，表明以上四个因素对农户的融资意愿均有显著的影响，而农户家庭总资产、农户的资金状况、贷款利率并未通过显著性检验。表3－10是模型模拟得出的相关结果。

表3－10 模型模拟结果

变量名称		probit		hetprobit	
		Coef.	z	Coef.	z
家庭年收入	x_1	−0.038***	−4.93	−0.04**	−1.99
家庭总资产	x_2	−0.0012	−0.76	−0.0018**	−2.17
资金状况	x_3	−0.023	−1.34	0.008	0.4
重大数额的生活费支出	x_4	−0.137***	−7.35	−0.069	−1.34
生产经营规模	x_5	−0.002	−1.45	−0.006	−1.56
扩大投资的意向	x_6	−0.159**	2.46	−0.167	1.41
贷款利率	x_7	−0.117***	−5.87	−0.043	−1.09
Pseudo R2		0.0331			
Prob>chi2				0.0004	

注：*、**、***分别代表估计系数通过10%、5%、1%显著性水平检验。

表3－10的异方差 Probit 模型估计结果显示：农户家庭年收入、家庭总资产、资金状况、重大数额的生活费支出、生产经营规模、扩大投资意向以及贷款利率七个变量的系数全部为负，表明这些变量的正向变化将导致农户融资额的增加，只是增加的幅度是不同的，从系

数大小可见，扩大投资的意向、贷款利率及重大数额的生活费支出影响较大。

以上主要分析了农户融资渠道的选择、农户融资的可获得性以及影响农户融资需求的各类因素。出于亲戚朋友借贷程序的简便灵活、资金可得性高等原因，农户主要选择的是亲戚朋友借贷和私人借贷类融资渠道；在各类影响农户融资需求的因素上，以农户生产经营规模变化和农户扩大投资的意向类影响因素为主。

第三节 农户融资需求发展趋势

农业是安徽省经济发展不可或缺的一部分，是第二产业和第三产业发展的基础。农村金融的发展滞后制约了安徽省农业的发展，对农户融资需求进行相关的分析能够发现其中存在的很多问题。近年来，由于安徽省农村建设力度的不断加大，农户收入水平的不断提高以及农户需求的范围越来越广，农户各类融资需求不断上升。安徽省近几年也出台多项加快农村金融建设的政策意见，极大地推动了农村金融服务的发展。但是各类影响农户融资的问题依然还有很多，本节结合前两节的分析，对安徽省农户融资需求发展趋势进行预测，不仅能够为农村各项建设规划提供参考，还能为金融机构解决其在农村发展问题提供部分依据。

一、农户融资需求满足度分析

农户对目前融资需求的满足度决定了其进一步的融资需求，也为下一步农户融资政策的制定指引了方向。根据调研及现有文献总结，农户融资需求满足度受四个方面的因素影响，分别是农户户主特征（包括是否信用户、是否有技能等），家庭基本特征（耕地规模、劳动力人口数、家庭农地面积等），家庭经济特征（包括家庭经济类型、家庭年收入、每年收入存入银行比例等），社会经济因素（包括所在村镇是否有民间信贷组织、周围是否有产业园区等）。

（一）农户户主特征

信用户在正规融资和民间融资渠道都具有相对优势。信用户在正规和民间融资获得满足的比例分别是65.67%、55.36%，大于非信用户，且占比超过50%，可见信用户的融资需求更容易得到满足。这是因为，一方面，信用户在信用社享受利率优惠和信贷优先政策，更容易获得正规融资；另一方面，即使不在信用社贷款，由于信用户代表的资产水平高，不良记录低，这些特点也为民间借贷所接受，愿意借款给他们，故信用户对民间融资需求的满足也有促进作用。

有技能大户在正规融资得到满足的户数中占44.78%，民间融资中占42.86%，都不超过50%，说明技能对融资的获得没有特别大的促进作用。这是由于城市化进程中，农村转型地区的生产方式也变得多样化，农户不再依赖单纯的种地收入，而是发展技能如泥瓦匠、木工、货运司机等来增加收入。故融资需求是否满足与户主技能关系不大。

（二）家庭基本特征

在正规金融机构、民间融资和二者兼有的渠道中，融资得到满足的户数都随着家庭成员健康状况的增加而增加。很不健康的农户在三种渠道中融资需求满足度分别为4.48%、8.93%、0.00%，整体低于不太健康分类的25.27%、28.57%、0.00%。这是由于更健康的家庭代表有更多的劳动力可以获得劳动收入，作为融资需求方，更容易因为贷款人对还款人收入水平的高预期而获得融资。不健康的家庭不仅不能支持足够的劳动力，还可能因为重大疾病原因产生额外的开销，故而贷款人预期低，借款人融资需求不易得到满足。从劳动力人口对融资需求满足度的影响看，家庭劳动力人口数为2时，正规和民间融资得到满足的户数都产生了最大值，且占了一半以上；劳动力为5、6时，三种渠道都只有一户得到满足。这是由不同劳动力人口对应的不同融资需求造成的，劳动力为2、3的农户家庭基数最大，相应的融资需求也大，故得到满足的较多。此外，农业劳动力占比高的农户，融资需求获得满足的户数最多，这是因为农业劳动力在农闲时可以外出打工，增加了家庭的非农业劳动力人口，对家庭收入、融资渠道、还款方式产生了影响，进而影响了融资需求满足度。

(三) 家庭经济特征

在家庭年收入中，低于 5 万的农户融资需求占比较多，但是由于其收入水平低，需求获得满足的数量就少。年收入大于 15 万的农户，由于其日常生产消费需求基本能被收入满足，需求者少，获得满足的数量也相对少。正规融资者家庭年收入每年存入银行比例最多的是 1%～5%，占比 46.27%；民间融资者最多的是大于 10%，占比 41.07%。家庭年收入存入银行的比例与融资需求的满足没有明显关系。这是由于农户的收入去向包括了消费和储蓄，储蓄方式上，不一定所有人都会存进银行，在调研中发现，大部分农民更习惯于留现金在身边，而金融机构储蓄比例整体偏小，对融资需求满足与否影响不大。

(四) 社会经济因素

通过比较不同融资渠道上的不同融资需求，分析其在融资需求满足农户中的影响情况。三种渠道中，周围有产业园区的农户，其融资需求被满足的多于其他二者，占比远超 50%。这是因为产业园区的落成伴随着大量拆迁，返迁将方圆十公里的居民都集中在靠近园区的几栋楼里。另外，产业园区的建设和运行给当地带来了就业和创业机会，对于有融资需求的人来说，就业机会使其收入增加，包括由于产业园区建设而产生的灰色收入，还款有保障，融资需求更易获得满足；创业机会吸引了融资者和投资者，促成了融资活动，增加了融资需求满足度。

对当地金融机构贷款服务评价中，有 30%左右的人选择了“不知道”，选择“好”的融资需求满足者 8 人，全部为正规融资类。选择“一般”的人在每种渠道中都最多，选择“不好”的调查者中，民间融资者多于正规融资者。其中“不知道”选项的被调查者没有进行过正规渠道借贷。横向对比，仅在正规融资类目下，选择“不好”的调查者占比是最少的，仅在民间融资类目下，选择“好”的调查者占比是最少的。这显示了一个趋势，即在正规融资渠道获得融资的且达到融资需求的农户更倾向认同正规融资机构提供的贷款服务。这是因为，一方面，信用社、银行等正规金融机构的放贷在实际操作中不公平，正规融资渠道有挤出者存在。调研中，在问及选择民间借贷的原因时，很多受访者表示，自己是因为在信用社没有“关系”，拿不上名额，只得向亲戚朋友开口。人情关系并非没有成本，所以获得正规融资的农户，属于既得利益者，理所当然觉得正规融资更好。相反的，被挤出的这一部分转向民间渠道的融资者，对正规融资机构十分反感。另一方面，一些本身不倾向选择正规金融机构的借款人，就是看中了民间融资的无息低息，快捷方便，对于他们来说银行、信用社的申请、审批、发放流程颇为繁琐，用户体验差，故不会认为正规融资更好。此外还有占比最多的“一般”项，勾选此选项的农户大都有过正规金融机构融资经历，但是对于其还款期限、还款方式和利息不太满意。

二、一般农户的融资需求预测

本节将先从理论方面对农户的消费性融资需求、生产性融资需求以及入社农户融资需求的特点进行深入分析，从各类融资需求的结构着手，根据已有调查的数据对农户融资需求进行分类预测。

（一）农户融资需求倾向

由于农户之间已经存在类型差异、产业差异、收入水平差异及其对资金需求的差异，农户的生产性资金需求有着极为复杂的结构和关联性。根据调查的数据可以知道，安徽省的农户主要分为以下四种类型：纯农户、农户兼业户、非农户兼业户以及非农户。纯农户的主要特征为以农业和传统的养殖业为主，属于生存性农户，其对农业生产性的资金需求是一种刚性的需求；农户兼业户是以务农为主，务工收入已成为农户的一项长期的收入来源，但尚未达到维持生存的水平，仍是生存性农户。农业方面的资金需求，大多由于家庭大额消费的挤压，农业生产需求具有一定的刚性；非农户兼业户是以务工收入为主要收入来源，农业已成为辅助性的收入形式，属于收入性农户。其对农业需求已经弱化，经营性资金需求凸显，并且产生了多种金融需求；非农户是以经营性收入为主要来源，不从事农业生产与经营，属于收入性农户。其农业需求萎缩，主要是一种个体经营性的资金需求。纯农户主要的融资需求来自于生产性资金需求。调查数据显示，安徽省农业生产大户占的比例很小，在 10％以下，以小农生产为主，这样就导致其资金需求量不大；农户兼业户其重心主要是在务工方面，农业生产收入具有不确定性，伴随着市场价格波动、自然等因素，使得这类农户的生产性资金需求很小；非农户兼业户和非农户类型，主要是从事经营行业。

改革开放以来，我国经济快速发展，农村也在发生着翻天覆地的变化，越来越多的年轻人选择出去务工，不再从事农业劳动。近年来农户类型呈多样化趋势，非农户兼业户以及非农户的占比在不断上升，但是总体占比仍然很低；纯农户和农户兼业户尽管仍然占据绝对的主导地位，但是这一群体的特点在发生着巨大变化，总体呈现出老龄化和开放化。调查中 40 岁以上的农户占比高达 81.89％（20 岁以下为 1.18％，20～40 岁之间为 16.93％）。另外，农户家庭成员最高文化程度也在逐步提升，受调查的农户中高中及以上文化程度的占比 49.21％，文盲占比仅为 3.28％。农户一方面受年龄结构影响，发展的潜力在不断降低，未来农业发展的趋势不再是小规模的家庭承包制，大户承包种植逐渐成为主流，这样就导致农户的融资更多地转化为非生产性融资；另一方面受家庭总体文化水平提升的影响，农户对新生事物的接受力越来越强，对合作金融、农地金融的认识和认可在不断上升，对互联网金融的了解在不断增强。

安徽省农户的年龄普遍偏大，这就使得农户的发展受到极大的制约，缺乏发展的动力，缺乏活力，对生产的积极性也降低了，导致其资金需求量不大。另外受调查农户的文化程度普遍偏低，初中及以下文化程度的农户占比高达 50.39％，导致农户对新生事物以及相关农业生产知识的认识较为缺乏。根据调查数据可知，农户的资金主要是应对日常的消费性需求，生产性资金的投入相对较少。根据以上分析可知，安徽省农户的老龄化程度在加重，农村空心化程度在增强，农户主要是满足日常的消费和医疗需要。因此，可以推测接下来几年内安徽省农户的资金需求量会保持相对的稳定。

（二）消费性融资需求预测

农户的资金主要是应对日常的消费性需求，但农户的消费性“融资”需求并非完全是金融性需求，它还包括了救济性、财政性需求等多个层面。随着农户消费性融资需求的增大，一些农户消费性金融问题还有待解决。第一，基于农户消费货币化、社会化程度的不断提高和以此为基础的“居民化”趋势，农户消费性金融发展亦呈现出“居民化”的必然趋势。它不仅解释了现阶段我国农户消费性借贷所表现出的一些重要特征，更重要的是，它揭示了农户消费性金融的发展取向与成熟形态的结构特征；同时也证明了农户消费性金融问题的最终解决，决不是民间金融所能胜任的，也不是简单的农村金融机构改革所能解决的问题，它需要的是高度专业化的金融形式与规模化的运作方式。从农户消费性金融的发展取向与最终结构来看，城乡居民消费性金融的“一体化”是一种必然趋势，不过，这一进程并不是齐头并进的，一些方面可以先行发展。例如，在教育贷款、最低生活保障以及“农民工消费金融”等方面就可以先行一步。第二，农户的消费性融资需求不仅与农户收入差距之间存在着相关性，而且与城乡收入差距以及城乡经济的融合度存在着相关性，因此，根据成因的不同，可以把农户的消费性融资需求分为三种类型：即起因于城乡差距的融资需求、起因于农户差距的融资需求和基于农户个性原因的需求。三种需求的性质是不同的，要求相应的金融供给形式也必然存在着差异性。第三，由于农户收入来源、水平和所从事的产业活动等方面的差异，不同农户的消费融资需求呈现出不同的特征，基于这些特征，可以把农户的消费性融资需求分为四种类型。这种分类揭示了农户的消费性融资需求并非完全是金融性需求，还包括救济性、财政性或公共性的需求等多个层面；同时，金融形式也并非仅是信贷，还有保险、信托、社会保障等，并且信贷形式亦包括政策性、互助与合作性、商业性等多种形式。

（三）农业生产类融资需求预测

相比较而言，生产性融资需求偏低，将贷款用于农业生产的农户比例不及40%。出现这种现象的原因有：一是从事传统农业生产的比较收益较低。以农业收入为主的农户很大一部分需要通过借贷来完成子女学费、盖房、医疗等日常开支较大的消费性需求。二是农民的"兼业化""脱农化"。不少青壮年农民放弃务农，转而外出打工或经营非农产业，很大程度上削减了以农业生产为目的的资金借贷需求。三是农业贷款门槛高。因有效担保物缺乏、手续烦琐、利息过高、信用缺失等一系列因素致使很多农户难以从金融机构获取贷款，抑制了农户从事农业规模生产的积极性，从而转投其他行业。

三、入社农户的融资需求预测

（一）入社农户基本情况

入社农户以中年男性为主，文化水平较低。农民专业合作社的农户以中年为主，45 岁以上农户占样本农户比例的 50%，这与农村剩余劳动力转移背景下，农村青壮年劳动力大多外出务工、中老年人留在农村务农的现实情况相吻合。参与农民专业合作社的农户文化水平较低，小学和初中学历水平的农户占全部样本比例的 69.86%。从农户外出打工的经历来看，61.3%的农户有过打工经历。结合入社农户的年龄情况可以说明，大部分农户在年轻时一般选择外出打工，待年纪稍大一些会选择回乡务农。入社农户的种养规模在专业合作社的带动下均有所扩大。调查显示，入社时间超过 4 年的农户占全部样本数比例的 53.42%，考虑到《农民专业合作社法》已颁布实施多年，说明被调查农户大部分较早便加入了农民专业合作社。大部分入社农户所在的专业合作社为地市级和省级示范社，二者合计占比 84.93%。大部分入社农户的家庭年纯收入在 3～5 万元，这一收入水平与安徽省农村居民家庭年纯收入水平相当，且农户当前的生产经营规模主要集中于 5～8 万元这一区间。超九成农户（占比 90.75%）家庭的经营规模在加入农民专业合作社后得到扩大，且绝大部分农户（占比 98.97%）对所在的农民专业合作社持信任态度，说明农民专业合作社在农村地区确实能起到带动作用。农民专业合作社一般是统一销售农产品，为农户解决了农产品市场销路的后顾之忧问题，从而带动了入社农户不断扩大生产规模。

（二）入社农户的信贷约束和资金需求特点

私人借贷是入社农户的主要资金来源渠道，且并未由于加入合作社而改变其融资困境。调查显示：选择在加入农民专业合作社前、后经常发生私人借贷的农户数分别占到样本农户数比例的 54.11%和 45.55%，并且加入前、后申请过银行贷款的农户占样本农户数比例分别为 29.11%、24.66%，私人借贷的比例高、申请银行贷款比例低，说明私人借贷是满足农户日常生活、生产需要的主要资金来源渠道。值得注意的是，加入合作社之后，经常发生私人借贷的农户比例数由 54.11%下降到 45.55%，主要原因是农户在加入专业合作社之后，其农业生产资料由合作社统一提供，相当于是向专业合作社赊购生产资料，因此，与加入合作社之前相比，农户生产上所需的小额借贷数量有所减少。另外，受调查的 254 户农户中，入社后获得银行贷款的农户比例由 21.58%下降至 19.86%，银行信贷对农户的覆盖率并没有提高，说明加入农民专业合作社并未改变农户整体的融资地位，绝大部分农户依然难以得到银行信贷支持。入社农户从金融机构贷款依然较难，且缺乏可利用的社会资本。调查显示：占比 58.56%、34.25%的农户普遍反映从金融机构贷款“很困难”“比较困难”，二者合计占比 92.81%，说明绝大部分农户难以从金融机构获得贷款。这些农户认为从银行贷款困难的原因依次为：没有担保人或抵押品、银行贷款条件多门槛高、银行办理贷款手续过于复杂，选择这三个原因的农户占比分别为 69.52%、54.79%和 49.66%。同时，78.08%的农户反映“没有亲戚为公务员”，说明绝大多数农户缺乏可利用的社会资本或社会网络，虽然有少部分农户有一定的社会关系，但当问到“这些公务员亲戚是否愿意为你出面担保向银行贷款”时，43.75%和 14.06%的农户认为“不愿意”或“不清楚”，二者合计达 57.81%。

（三）入社农户的信贷约束和资金需求预测

入社农户资金需求旺盛，其资金需求呈大额、长期化的特点。调查显示：88.35%的受调查农户近期有资金需求，其资金主要用于农业生产扩大生产规模。分别有 34.88%、24.42%、24.42%的农户期望的借款额度处于 5～10 万元、10～15 万元的区间和 15 万元以上，三者合计达 83.72%，这些信贷需求远高于传统小额信贷 5 万元的上限，仅有 13.57%的农户希望的借款期限为 1 年，说明农户需要的是中长期的大额贷款。这可以解释为由于农民专业合作社统一提供生产资料（如种子、化肥、农药、疫苗、饲料等），相当于解决了入社农户因购买生产资料而产生的短期资金需求问题，但当入社农户需要扩大农业生产规模时（如发展大棚蔬菜、扩大养殖场所、购进大型农机具等），由于合作社资金实力有限，农户仍会倾向于向金融机构寻求帮助，这时体现出来的资金需求则是大额、中长期的特点。

（四）入社农户对新型融资方式的选择意愿

农户对合作社担保贷款和合作社小组联保贷款参与意愿高。由于农户加入农民专业合作社需要向合作社提交户口本、身份证、结婚证等资料进行工商登记注册，且须与农民专业合作社签订合同，农户在加入农民专业合作社之后，拥有享受向合作社赊购生产资料、免费技术指导的权利，但同时也拥有向合作社出售农产品的义务。因此，可借助农民专业合作社这一平台控制信贷风险开展新型的融资模式，如“合作社＋农户”的订单贷款形式。调查显示：98.29%的农户愿意由专业合作社提供担保向银行申请贷款，且同意通过专业合作社扣减销售款来偿还银行贷款。另外，可发挥农村“熟人社会”的优势，在农民专业合作社内部由入社农户组成联保小组向银行申请贷款。调查显示：75.34%的入社农户愿意与熟悉的合作社社员组成联保小组共同向银行机构申请贷款，且 85.96%的农户表示在组成联保小组后，愿意协助银行督促其他小组成员按时还款。这一结果的政策启示是：可借助专业合作社这一平台，开发类似于“合作社＋农户”的订单贷款模式，或者是开发“合作社担保＋入社农户联保”的贷款模式。

农户对农地金融的认可程度较高。缺乏抵押和担保是农户信贷受限的主要原因，因而盘活农村资产、扩大抵押品范围成为农村金融创新的主要方向，而农户拥有的主要资产一般是农地、宅基地。从受调查农户反映的情况来看，农户对土地承包经营权抵押贷款、宅基地抵押贷款的认知程度不高，选择“不知道”“听说过”的农户占比分别为 48.97%、34.59%，二者合计占比 83.56%。但当问到“如果国家政策允许，是否同意用承包地、宅基地抵押向银行申请贷款”时，占比83.56％、84.25％的农户表示愿意开展农地金融。这表明，农户对开展农地金融热情较高，参与意愿较强，未来应通过放开政策限制、完善开展农地金融所需的配套设施（如土地处置的流转中心）来鼓励开展农地金融，以满足农户的信贷需求。

农户对信用合作的参与意愿较高。由于农民专业合作社是农民自己的组织，其牵头人一般为“村中能人”，入社农户一般来自附近乡村，成员之间相互比较了解、相互之间信息比较对称。农村本来就是一个熟人社会，合作社的成立、运作使农户之间的联系更加紧密，农户之间更加信任，在生产合作的基础上开展信用合作更容易取得效果。调查显示：71.58％的受调查农户认为其所在的专业合作社里大部分农户是讲信用的，68.49％的农户借过钱给其他社员，这说明合作社成员之间是比较信任、了解和熟悉的。虽然受调查农户对资金互助社的认知程度较低，但当问到“是否愿意在专业合作社的基础上，入股1到2万元（或更少资金），组建资金互助社，将资金按照银行利率贷给其他社员农户”时，83.56％的农户表示愿意出资成立。同时，调查还发现，绝大部分农户认为，成立资金互助社对其自身未来的生产、生活有帮助作用（占比93.84％），且所在农民专业合作社有人能管理好互助资金（占比95.89％）。当社员农户拖欠资金互助社的借款时，89.38％的农户认为可通过专业合作社开除该社员以此来督促其归还借款，即让农户自己寻找农产品销路、不能向专业合作社赊购农业生产资料。这可理解为：由于资金互助社是专业合作社的社员在生产合作的基础上由社员出资组建的，其实质是同一批人两块牌子，在出现不良贷款时，可通过合作社扣减货款甚至开除带有不良信用记录的社员的手段来控制贷款风险。

以上对入社农户的相关分析可知，入社农户资金需求较为频繁，但是每次需要的资金量较小，一般多选择私人借贷融资。

第四章　安徽农村小微企业融资分析

第一节　农村小微企业融资现状

安徽省位于中国大陆东部，地跨长江、淮河，自古以来物华天宝、人杰地灵。然而新中国成立以来，安徽省的经济发展在全国始终处于中下游。近年来，安徽与江苏、上海、浙江共同构成的长江三角洲城市群已成为国际六大世界级城市群之一，承接着来自上海、江苏的产业转移，再加上国家“中部崛起”战略的实施，安徽经济由此迈入高速发展时期。

说起安徽农村，读者也许首先想起的是凤阳小岗村，家庭联产承包责任制的开端，这也从另外一个方面说明安徽省农民众多，第一产业庞大，有广阔的农村区域，有适合小微企业扎根农村的土壤。小微企业有城市小微企业和农村小微企业之分，本章研究的对象是安徽省农村小微企业。

一、农村小微企业的界定

小微企业主要是指小型和微型企业，其是相对于大中型企业而言而提出的概念，一般是指规模较小或技术水平低但未来具有很大成长空间处于创业期的企业，此时，企业规模在特定行业是低于标准值的。从一般的定性标准来分析，小微企业也包括家庭作坊。为贯彻落实《中华人民共和国中小企业促进法》和《国务院关于进一步促进中小企业发展的若干意见》，2011 年 6 月 18 日，工业和信息化部、国家统计局、发展改革委、财政部研究制定了《中小企业划型标准规定》，根据企业从业人员、营业收入、资产总额等指标，将中小企业划分为中型、小型、微型三种类型，见表 4 - 1 所列。

表 4 - 1　中小企业划型标准

行业	指标名称	中型	小型	微型
农林牧渔业	营业收入	500 至 20000 以下	50 至 500 以下	50 以下
工业	从业人员	300 至 1000 以下	20 至 300 以下	20 以下
	营业收入	2000 至 40000 以下	300 至 2000 以下	300 以下
建筑业	营业收入	6000 至 80000 以下	300 至 6000 以下	300 以下
	资产总额	5000 至 80000 以下	300 至 5000 以下	300 以下
批发业	从业人员	20 至 200 以下	5 至 20 以下	5 以下
	营业收入	5000 至 40000 以下	1000 至 5000 以下	1000 以下
零售业	从业人员	50 至 300 以下	10 至 50 以下	10 以下
	营业收入	500 至 20000 以下	100 至 500 以下	100 以下
交通运输业	从业人员	300 至 1000 以下	20 至 300 以下	20 以下
	营业收入	3000 至 30000 以下	200 至 3000 以下	200 以下
邮政业	从业人员	300 至 1000 以下	20 至 300 以下	20 以下
	营业收入	2000 至 30000 以下	100 至 2000 以下	100 以下

注：表中“营业收入”“资产总额”单位为“万元”，“从业人员”单位为“人”。

数据来源：《中小企业划型标准规定》2011 年版。

二、农村小微企业的融资渠道

现在社会上资金供求者之间的信用活动有两种基本的融资形式：直接融资和间接融资。直接融资是指资金供求双方通过一定的金融工具形成直接的债权债务关系或所有权关系的融资形式。直接融资的工具主要是筹资者直接发行的商业票据、股票、债券等，证券市场的投融资活动通常被视为直接融资的典型代表。间接融资是指资金供求双方通过金融中介机构间接实现资金融通的活动，在间接融资中，资金供求双方不构成直接的债权债务关系，而是分别与金融中介发生债权债务关系。

小微企业的融资方式很大一部分是由小微企业的特点决定的。小微企业通常具有以下特点：规模小、成立年限短、技术水平低、财务状况不规范且不透明、经营风险较大且抗风险能力差等。

小微企业如果向商业银行提出信贷申请，商业银行有很大概率是对其不放贷的。一方面，现代商业银行“三性经营原则”中有一条就是营利性原则，相比于农村小微企业，商业银行可以选择向更优质的大型企业，信贷风险更低的企业放款，这样的企业往往是成熟期的企业，有足够的抵押担保品，商业银行面临的坏账风险比较低。另一方面，商业银行的信贷资金有很大占比都流向了房贷市场，从而用于其他途径信贷的资金就变少了，商业银行对于剩余的信贷资金就会格外谨慎，此时就会产生“惜贷”的现象。从硬性条件上考虑，小微企业规模小、财务制度不透明，甚至抵押担保品都缺乏，小微企业的信贷风险相对而言比较高，所以小微企业很难从商业银行取得信贷资金。

小微企业此时可以转向其他融资渠道寻觅资金，摆在他们面前的一个非常常见的机构就是农村信用合作社（农商行），农信社在广大农村地区是占比最高的金融机构，是分支最多的农村金融机构，是农村金融机构的主体。然而农信社的信贷资金毕竟是有限的，资金远不如商业银行雄厚，小微企业从中得到的信贷资金往往是达不到其所需资金额，而且中国自古以来就是人情社会，人情社会也意味着只有和农信社关系好的一些小微企业才能贷到款，而大多数的农村小微企业从农信社贷不到所需用于生产经营的款项。

小微企业从外部融资的可能性比较低，而且农村小微企业很少有登上新三板的，只有那些技术水平高或者发展前景非常好的小微企业才能登上新三板，只有极少数小微企业能从证券市场融资，而绝大部分农村小微企业是技术含量低、劳动密集型的企业，是根本没有机会通过证券市场融资的，从而，绝大多数的小微企业只能通过内源性融资来获得款项，求助于自己的亲朋好友，这个途径可以获得的数额相对比较少，若所需数额过大，内源性融资成功的概率也比较低，所以只能通过其他的融资渠道，从正规的农村金融机构贷不到所需款项，唯一的办法就是求助于民间金融。传统的民间金融一直都是存在的，只是绝大多数是处于非阳光下的。现在小额贷款公司应运而生，2008 年后，如雨后春笋般遍布祖国各地，是民间金融的典型代表。

小额贷款公司是民间金融阳光化的一个具体表现形式，其法律定位是公司，那么公司一系列的经营指标是其必须要遵守的。其经营原则中有一条很重要的就是营利性原则，然而小额贷款公司的产生是国家为了支持“三农”、支持小微企业的一个具体举措，其业务往往又有着强烈的政策导向，这会使得小额贷款公司陷入一个尴尬的局面——是遵循营利性原则还是积极响应国家的政策。国务院出台的具体细则中指出，小额贷款公司所持有的信贷资金流入“三农”领域的部分不得低于 70%，所以其政策初衷会和小额贷款公司的营利性经营目标相矛盾，如何平衡两者之间的利益冲突也是我们未来研究的重点。

综上所述，小微企业的融资渠道主要是内源性融资。只有占比很少的小微企业才能从农信社贷到所需用于生产经营的资金，而且从农信社贷到款项的小微企业中，也有很大占比是从信用社贷到一部分信贷资金，是满足不了其正常的生产经营的，他们也只能通过内源性融资或者通过非正规农村金融机构等传统民间金融渠道获得资金支持，民间金融的优点是显而易见的，但是其给小微企业极大的还款压力也是不容忽略的，所以是否选择从民间金融渠道融入资金是要根据现实情况而定的。

三、小微企业的融资现状

本节试图从宏观和微观两个角度来探究安徽省小微企业融资状况，宏观角度主要是研究安徽省对小微企业的政策扶持，微观角度则是研究小微企业主体在如此政策优惠下最真实的融资现状。

（一）安徽省对小微企业的政策优惠

1. 小型微型企业税收优惠扶持

从 2015 年元旦开始，为期两年，小微企业的税收负担将极大地降低。每年应缴所得税额不高于 20 万元的，在计算所得税时，先减免一半来计算应纳所得额，接着在此基数上按照20%的比例缴纳所得税。同时如果小微企业从事的是国家支持的产业，还将会有其他的税收优惠覆盖其他方面，如教育费附加等。

2. 中小企业专项资金对小企业创业基地建设的支持

省级中小企业专项资金将省级小企业创业基地、产业集群专业镇、科技孵化器纳入重点支持范围，统筹安排资金用于基础设施建设、服务能力建设、创业辅导培训、厂房场地租金补助和优秀小企业创业基地奖励。鼓励各类开发园区、产业基地、企业和有条件的地方新建科技孵化器。支持符合条件的科技孵化器申报国家中小企业专项资金。实行工商登记便利化，鼓励有技术有能力的大中型企业带动产业链上的小型微型企业，实现地区产业的整体快速发展。

3. 各类投资基金投资小型微型企业

积极支持和引导各级政府设立创业投资基金，支持私人资本设立创业投资企业，支持天使投资人的项目选取并给予相应的政策优惠。政府要发挥财政资金的社会辐射效应，引导创业投资基金投资有潜力的小型微型企业。推动安徽省高新技术产业投资有限公司完善管理，整合财政性投资基金，吸引社会资本参与，设立混合所有制的专项子基金，投向科技型小型微型企业。利用国家级农业产业基金，支持农业产业化龙头企业。支持各类投资基金利用省区域股权市场推进小型微型企业融资发展。

4. 政策性融资担保体系的建立

信贷业务的运营成功与否和担保体系密切相关，当单纯依靠市场的力量不能引导信贷业务的合理运行时，需要政府出面牵头来建立一个抵押担保体系。出现其他风险管理方面的问题，省信用担保集团要起到稳定军心的作用，要给出切实可行的指导办法。省融资担保机构要建立相应的融资担保机构绩效评价体系，应组织建立统保统贷平台，组织政策性担保体系平台与其他金融机构的合作。省里应建立银行、担保机构合作风险承担机制，不断地对小型微型融资担保业务进行完善。鼓励政策性融资担保机构与保险机构开展“担保+保险”合作，丰富风险分散方式。推动政策性融资担保机构完善法人治理结构，完善运行、风险控制、用人和激励约束机制。加快信息化建设，推进业务管理流程化、规范化，2015 年底基本实现业务办理和日常管理信息化，加强业务监管，引导其坚守主业、大力创新、合规经营、防范风险，提升政策性融资担保体系服务小型微型企业能力。

5. 小型微型企业发展信息互联互通机制的建立

安徽省应建立一个专门公开各种对小微企业优惠信息的平台，好好发挥信息公开平台的积极作用，平台里面应该包括各自有关小微企业信用的信息如税收缴费情况、社保缴费情况和信贷资金还款情况等。通过这个平台的信息共享，小微企业的信用信息建设就会前进一大步。另一个方面，如今是个大数据的社会，银行、证券、保险、政府部门可以通过信息公开平台有机地联系起来，从而可以为小微企业提供更好的融资服务。在寻求崭新的信息公示平台之前，以往针对小微企业金融服务的各项优惠政策也要继续执行。要及时更新小微企业信用信息数据库。省相关部门可以从小微企业数据库中选取一定的比例来进行为期 3 年的追踪调查，针对这些样本企业，做好各项数据的记录，特别是关于样本企业的信用数据。并且在追踪调查结束后，要对现有的金融服务进行有针对性的改善。

（二）安徽小微企业融资状况

在安徽省现有的宏观政策下，小微企业从理论上应该可以从农信社等农村金融机构获得充足的信贷资金，然而通过实地调查蚌埠、芜湖等地的小微企业，得到的结论恰恰相反，小微企业现在的融资状况依旧不容乐观，很多政策制定得非常好，但是落实到地方上，会有一定的时滞性，而且在执行中也会遇到各种各样的突发情况。所以从整个国家角度来分析，国家关于小微企业的扶持力度很大，如《中国银监会关于 2015 年小微企业金融服务工作的指导意见》，其中明确提出了“三个不低于”的目标，即努力实现小微企业贷款增速不低于各项贷款平均增速，小微企业贷款户数不低于上年同期户数，小微企业申贷获得率不低于上年同期水平。然而实地考察之后发现，安徽省农村小微企业依旧融资难，生存也极其艰难。

第二节 农村小微企业融资难原因分析

小微企业在促进就业、维持经济稳定方面做出了应有的贡献，据不完全统计超过 80%的就业岗位是由小微企业所提供的。所以从国家的层面上，要积极地引导小微企业健康持续发展。从而在相应的政策制定上也给予了很多的优惠，国家每年都会通过银监会和中国人民银行发布一系列关于促进小微企业发展的文件。国家层面上出台政策导向，省一级制定详细的实施细则。以安徽省为例，安徽省金融办为了响应国家的号召，也制定了许多关于促进小微企业健康持续发展的细则，按道理来说，小微企业应该蓬勃发展，融资状况很好，然而，实际生活中，农村小微企业的融资状况很不理想，探究其背后深层次的原因是本节的目标，接下来将从三个角度来分析其背后的原因。

一、从企业自身来寻找融资难的原因

根据对小微企业的界定，安徽农村小微企业最基本的特点是：规模小、资金弱、技术含量缺乏、经营管理水平低下、企业经营风险高、规模和信用水平低下、缺乏足值有效的担保抵押物等。这些特点细细探究，与其在信贷市场上融资难的现状存在内生的关系。

（一）小微企业财务制度不清晰、不规范

安徽省农村小微企业通常没有专门的财务人员，往往提供的财务报表是不规范的，财务信息的可信度非常低，经营透明度低，信息披露不及时和不真实等等。这就使金融机构无法掌握安徽省农村小微企业经营状况的基本信息，就会对企业的真实财务现状难以了解，从而会造成信息不对称的情况。因为安徽省金融机构和农村小微企业彼此沟通少，由此造成的信息不畅会严重影响借贷关系的建立。安徽省农村小微企业对贷款的要求一般是“短”“频”“急”，这会造成金融机构风险和收益不匹配，小微企业的贷款由于信息不对称的情况会使得金融机构的信贷风险增加，若要管控此类风险，商业银行等金融机构必

须派专门的人员进行实地监督，这会加大商业银行的人力成本的投入。同时，“短”“频”“急”也意味着农村小微企业的贷款往往是短期的和少额的，从而商业银行在农村小微企业项目上的收益相对于其他大型企业的长期贷款来说是微不足道的，更不用说农村小微企业信贷资金的管控成本和信贷风险都相当高，从而安徽省的正规金融机构对农村小微企业发放贷款的信心是相当低的。

农村小微企业的财务管理机制主要是依靠亲属关系来维系，财务人员一般都是由小微企业主自己担任，一方面是因为业务规模太小不值得聘请专门的财务人员，而另一方面则是因为老板也担心自己企业的信息泄漏，老思想顽固，由此会使得农村小微企业的财务存在各种各样的漏洞，明面上一套账目，私下里又有一套账目。许多农村小微企业为实现从农信社等正规农村机构融资的目的，往往拿出自己企业明面上刻意修饰过的账目给金融机构，以此来获得贷款。这其实是一种信息不对称，企业主知道金融机构的信息，而金融机构不了解或者对这个小微企业了解得非常少，信息不对等。虽说有一些农村小微企业通过弄虚作假，蒙混过关了，由此得到了正规金融机构的信贷资金支持。但是如若这个企业经营状况极度糟糕，一次骗贷成功，下一次金融机构还会借款给它吗？结果当然是不会的，甚至很有可能，这家企业已经进入了当地银行业协会的黑名单里。所以一个企业的信用状况是相当重要的，要把它视若生命，只要自己企业的信用信息优秀，那么会有很多正规金融机构是愿意向这样的农村小微企业放贷的。

金融市场上的信息不对称会导致一系列问题比如交易费用偏高。相比较于小额贷款公司、典当行等其他机构，商业银行针对农村小微企业的贷款利率普遍在10%以上，15%以下。小额贷款公司的贷款利率通常是超过20%的，典当行一个月的融资费用普遍在4%以上，若要换算成年化贷款利率的话，基本是超过40%了。因为小额贷款公司和典当行属于非正规金融机构，是由传统民间金融演化而来的，他们在法律上定性为公司，没有吸收公民存款的权利，其信贷资金总额就会相对有限，所以他们发放的贷款利率就相对较高。小额贷款公司、典当行和信用担保公司经常采用的是提前还利息的方式，很有可能有接近 25%的资金都会作为利息支出，所以农村小微企业若从传统民间金融途径借款，其还款压力是特别巨大的。

安徽省农村小微企业所面临的融资难的困境有很大可能是由于信息不对称、财务信息不透明造成的。信息不对称会使得农村小微企业从正规金融机构获得所需的信贷资金极其困难，为了生产经营的需要，他们只能转向非正规民间金融，民间非正规金融机构从而借机攫取大量利润。由于从正规金融机构融资的渠道和额度受限，从民间借贷成为一些农村小微企业很不情愿但又不得不采取的方式。民间金融虽说借款利率很高，但是其借款手续比较简单，获得资金的速度比较快，在农村小微企业提供具体的金融服务方面拥有极大的优势。每逢央行紧缩货币供应时，商业银行等正规传统金融机构往往会惜贷，这时，民间金融往往会猛抬利率，使得一些小微企业从中得到资金的成本更高，风险更大。

（二）小微企业融资渠道狭窄

农村小微企业的融资方式受到了很大的限制，商业银行由于“三性经营原则”中营利性原则的原因，愿意把很大一部分信贷资金投入拥有抵押物的大型企业。农信社资金有限，又由于中国是个“熟人社会”，只有占比很少、和农信社关系很好的小微企业才能贷到所需款项，绝大部分小微企业是得不到贷款的。

小微企业的融资渠道与小微企业的特点密切相关。小微企业特点如下：规模小、成立年限短、技术水平低、财务状况不规范且不透明、经营风险较大且抗风险能力差。

农村小微企业真正能够从正规金融机构获得贷款的概率是特别低的，而通过内源性融资，数额少但行之有效，若数额巨大或者借款频率频繁，内源性融资就会失效，所以小微企业的融资渠道很狭窄。

1. 商业银行不愿对其放贷

小微企业如果向商业银行提出信贷申请，商业银行有很大概率是对其不放贷的。一方面，现代商业银行“三性经营原则”中有一条就是营利性原则，商业银行可以向更优质的企业、信贷风险更低的企业放款，这样的企业往往是成熟期的企业，有足够的抵押担保品，商业银行面临的风险比较低。另一方面，商业银行的信贷资金有很大占比都流向了房贷市场，所以剩余用于信贷的资金就更少了，商业银行此时就会惜贷，而且小微企业的信贷风险又那么高，所以小微企业更难从商业银行取得信贷资金。

2. 农信社信贷资金总量低

小微企业此时可以向农村信用合作社（农商行）寻求资金上的支持，农信社在广大农村地区是占比最高的金融机构，是分支最多的农村金融机构，是农村金融机构的主体。然而农信社的信贷资金毕竟是有限的，资金远不如商业银行资金雄厚，小微企业从中得到的信贷资金达不到其所需资金额，而且中国自古以来就是人情社会，人情社会也意味着只有和农信社关系好的小微企业才能贷到款，所以绝大多数的农村小微企业从农信社贷不到所需用于生产经营的款项。

3. 证券融资可能性低

小微企业从外部融资的可能性比较低，而且农村小微企业很少有登上新三板的，只有那些技术水平高或者发展前景非常好的小微企业才能登上新三板，所以极少数小微企业能从证券市场融资，而绝大部分农村小微企业是从事技术含量低、劳动密集型的产业，是根本没有机会通过证券市场融资的。

因此，绝大多数的小微企业只能通过内源性融资来获得款项，求助于自己的亲朋好友，这个途径可以获得的数额相对比较少，若所需数额特别巨大，内源性融资成功的概率也比较低。

（三）小微企业创新能力差

农村小微企业平常时候忙着生产经营，同时又受限于自身的受教育程度，基本上没有大型企业的所谓的长远规划，即布局新产业、占领新高地。农村小微企业一方面是本身没时间也没所谓精力研究创新，另一个很重要的原因是小微企业根本留不住高层次的人才。据安徽省金融办信息公示平台显示，小微企业基本没有研究生，连本科生也特别少。农村小微企业基本都是位于农村的，服务所辐射的范围是周围农村地区，从区位优势上来说，农村小微企业是根本比不过大城市的。

另一方面是，农村小微企业在待遇上和所谓的大企业也是相差甚远，没有所谓的“五险一金”，而且薪酬水平比不过所谓的大企业，同时也没有所谓的员工培养体系。其实，这也不能怪农村小微企业，本来小微企业能在行业立足站稳就很不容易了，大部分小微企业都是技术水平低下，或者劳动密集型的企业，可以用“本小利微”来形容。本来一年赚取的利润就不高，如果再坚持引进“高层次”人才，那么还要从利润中划去一部分给所谓的技术引进人才，小微企业是很难有这样魄力的。

当小微企业生产出的产品和市场上生产出的产品是同质的，而本身没有所谓的技术创新、技术引进，那么金融机构怎么敢把钱贷给他们呢？虽说现在国家政策是要大力支持农村小微企业发展，支持“三农”，然而农村小微企业基数太过庞大了，而信贷资金太少了，如果小微企业涉足夕阳产业，再有国家政策支持“三农”，农村金融机构也不会把信贷资金放到这样企业中去的。所以说，小微企业的创新能力，其所从事的产业类型，对其贷款的最终获得是具有很重要的影响的。举个例子，如果某农村小微企业是属于科技型企业，所从事生产的产品同质性较低，市场认可度比较高，那么农信社等金融机构是很愿意把钱贷给这样的优质企业的，信贷风险低很重要。

小微企业的融资目的基本上是为了补足企业流动资金缺口，或者是为了扩大企业的生产经营规模，以便增加市场份额。然而小微企业有农村小微企业和城市小微企业之分，城市小微企业也许会想办法融资，扩大经营规模，以便攫取更多的利润。然而在农村，绝大多数小微企业者会有一种自古以来都有的“小富即安”的思想，不想大富大贵，只想小富即可，他们也不想为了所谓的增加利润而耗费更多的心神，因为农村小微企业在农信社等金融机构贷款是相当不容易的，一句熟语可以形容——“企业贷款既要有里子又要有面子”，小微企业从正规金融机构获得信贷资金是很费时费力的事情，所以除非出现特别紧急的事情，一般时候，农村小微企业是不愿意到农村金融机构贷款的。

二、从金融机构的角度来探究小微企业融资难的原因

（一）金融机构的自身优越性和信贷产品单一

金融机构往往有一种高高在上的态度，不主动去了解农村小微企业的资金需求状况，只是等着小微企业自己上门求助，不实地考察，往往制定出来的政策不能贴合实际，特别是金融机构所生产出的产品（信贷产品）太过于单一，品种不丰富，不贴合实际，从而其信贷产品很难满足小微企业的实际需要。农村小微企业融资特点是“短”“频”“急”，而农信社提供的信贷产品不是期限不匹配，就是审批时间过长，就好比“远水解不了近渴”，这就是一种期限错配的融资难。

（二）金融机构的“关系户”抢占信贷资源

中国自古以来就是“人情社会”，在同样有贷款资格的情况下，也许总会有一些企业审批期限短、放款快，而另外一些企业所申请的信贷资金不是被拒绝就是迟迟没有批复。这个时候，我们首先要做的不是埋怨社会，而是要增强企业自身的核心竞争力，争取下次获得信贷资金。

这个时候往往就是那些关系户企业抢占了信贷资源，因为农村金融机构信贷资源本就紧张，所以小微企业融资难就很容易理解了。

（三）风险收益不匹配导致农村金融机构不愿放贷

商业银行“三性”原则中营利性原则就给银行一个很大的隐性要求，追求利润。在商业银行追求收益最大化的过程中，在信贷的选择和结构安排上会流露出对风险和低效益的厌恶，从而倾向于选择大中型企业作为贷款客户，小微企业往往会在筛选中出局。大中型企业的贷款期限一般是中长期，而小微企业的贷款期限一般是短期的，因为其业务特点就是“短”“频”“快”。很明显，中长期贷款的利率更高，从而商业银行的收益更高。另一方面，银行有时候会受宏观经济政策的影响，在经济不景气时候会收紧资金，商业银行此时就会惜贷，这也会导致小微企业融资难。再者，现有的法律无法全面保护银行的权益，在一些经济案件的审理过程中，虽然在法院宣判中，商业银行往往是胜诉的一方，但是那些败诉的企业依旧不愿意偿还银行的贷款，

这进一步加剧了银行的恐惧心理，对小微企业贷款的审慎进一步加强。

另一方面，从成本的角度来思考问题，商业银行将贷款发放给农村小微企业在管理成本上存在极大的问题。相比大中型企业的贷款需求来说，小微企业的融资需求具有“短”“频”“急”的特点，而银行发放贷款通常审批时间长，手续复杂，会产生大量的管理费用。农村小微企业一般都是位于农村，银行在发放贷款后管理的单位费用高于大中型企业，所以从纯收益角度来看，银行的放贷的心理预期小于实际需求。农村小微企业从银行系统融资的难度可想而知。

（四）小微企业贷款需求和金融机构信贷资金数额不匹配

很重要的一点是农村小微企业基数过于庞大，如果满足所有企业的贷款需求，是极其不现实的，所以这也意味着有很多企业贷不到所需求的款项，或者即使从农信社等金融机构贷到款项，但是和小微企业实际所需要弥补的资金缺口相比依旧是微不足道的。所以农村金融机构必须得执行好审查职责，不符合要求的企业理所当然地贷不到所需款项，这也从另一方面揭示了小微企业融资难的原因。

一些产能过剩的行业，或者对环境造成很大污染的行业，如果所属这些行业的农村小微企业向农信社等农村金融机构申请贷款，结果很大概率是拒绝放贷，相反如果一些农村小微企业所从事的行业是国家所提倡的新生行业，那么此类贷款是很容易被批下来的。所以一些具有创新能力的、从事新兴产业的小微企业是容易得到贷款的，如果从金融机构申请贷款迟迟批复不了，或者经常被拒，在排除关系户的情况下，要多想想自己这个企业的性质，所从事的行业是否和国家政策导向相违背。

三、从外部宏观环境来分析融资难的原因

我们从两个方面来分析外部宏观环境对农村小微企业融资难的影响。

一方面，当国家宏观经济运行有向下态势时，整个社会往往会钱根收紧，以农信社为典型代表的农村金融机构会更惜贷，对贷款审批会更加严格，审批周期会更长，农村小微企业的资金需求就更得不到

保障；另一方面，社会闲置资金有很大一部分都投入到楼市，而且金融机构中信贷资金也有很大占比都投入到楼市了，若经济不景气有下行压力时候，商业银行会怕楼市的信贷资金成为坏账，就会对投入到其他领域的信贷资金审核更为严格。而农信社中的资金有很大部分是来自社会闲置资金，若社会闲置资金有很大一部分都流入楼市，那么农信社吸纳的资金就会减少，那么相应地对小微企业的放贷也会减少。其实除却这两个方面，还有一个很重要的方面就是国家和省级层面相应扶持小微企业政策制定得非常好，然而到了地方上执行，却往往和最初想实现的结果相差甚远，所以相关政策的实施不到位从深层次也造成了小微企业的融资难问题。

第三节 农村小微企业融资创新

一、通过“源头”，增长农村小微企业利润

农村小微企业融资的目的是为了解决企业流动资金不足的困境，抑或是为了扩大生产经营的规模。要想解决小微企业的融资难问题，首要的一点就是从源头上解决，那就是给小微企业更多的生产利润，让他们自身可以适当地解决自己的融资问题，这个想法可以通过以下途径实现：

（一）通过适当的税收优惠来增长农村小微企业的利润

税收优惠可以通过降税、免税、减税以及提供财政补贴的形式来进行。降税指的是小微企业交的税率和一般企业所交的税率不一样，适当地下调几个点；同时提高免征额也是一个切实有效的方法，因为小微企业本身就属于“本小利薄”性质的企业，提高免征额，可以减免很多税收。下面具体细则是安徽省金融办为了响应国家支持小微企业发展的政策而制定的具体细则，从 2015 年元旦开始，为期两年，小微企业的税收负担将极大地减免。每年应缴所得税额不高于 20 万元的，在计算所得税时，先减免一半来计算应纳所得额，接着在此基数

上按照20%的比例缴纳所得税。同时如果小微企业从事的是国家支持的产业，还会有额外的税收优惠，将覆盖其他方面，如教育费附加等。

国家通过顶层设计来规定大的政策方向，可是现实生活中要想落实好党中央的政策构想，地方上必须得切实执行，现在这个时期政策支持有了，缺乏的就是地方上的支持力度。如果地方上特别是到了市、县一级的单位能够切实执行国家和省里的政策，那么农村小微企业一定会比以往焕发出更多的生机，而这种生机会在经营利润上得到体现的。

（二）改革农村传统金融机构信贷流程创新信贷产品

金融机构往往有一种高高在上的姿态，不主动去了解农村小微企业的资金需求状况，只是等着小微企业自己上门求助，不实地考察，往往制定出来的政策不能贴合实际，特别是金融机构最重要的信贷产品太过于单一，品种不丰富，而且不能解决小微企业的实际需要。现在农村小微企业融资特点是“短”“频”“急”，而农信社提供的信贷产品不是期限不匹配，就是审批时间过长，就好比“远水解不了近渴”，这就是一种期限错配的融资难。所以针对此类问题所形成的小微企业融资难的现状，我们采取适当的解决办法就是使农村传统金融机构改变以往高高在上的态度，要本着“全心全意为人民服务”的精神降下身段，要主动去小微企业实地调研，只有这样，才能有真正贴合农村小微企业实际的信贷产品。农村金融机构如果能够经常去农村调查，就能切实了解小微企业真实的融资状况，就能和农村小微企业建立良好的关系。也能给农村小微企业一个很大的改观，金融机构不再是那么高高在上，他们也是“农民”的一员，这样，农村小微企业也有勇气去农村金融机构去寻求信贷支持了。只有这样，农村金融机构才切实发挥好服务“三农”的职责。农村金融机构，修饰词是“农村”，如果金融机构不愿意和农民打交道，只想和外表高大上的企业打交道，那么国家所设立的农村金融机构就失去了其该有的意义。

若传统的农村金融机构能够切实改进自身的工作作风，在社会上弘扬“密切联系群众”之风，那么其所推出的产品（信贷产品）就一定会受到农民的好评，也会一改农民对农村金融机构的观感。如果农村小微企业连当地农信社推出的信贷产品具体有哪些种类都不知道，那又何谈信贷产品的改进呢，信贷产品不经过市场的检验，农村金融机构就永远不知道其自身产品在实际推广应用中到底有多少局限性，所以农村金融机构和当地的小微企业建立起密切的联系，一方面可以解决农村小微企业的融资难问题，而另一方面可以使得农村金融机构更接地气，可以有效端正他们的工作态度，使其更好地服务于人民大众，切身践行全心全意为人民服务的宗旨。

（三）民间金融“阳光化”助推“三农”提质增效

小额贷款公司是由私人资本控股的新型金融类营业机构，其业务具有金融性质，然而法律定位却是公司，只要是公司就要自负盈亏、独立经营、追求利润，这与设立小额贷款公司的政策初衷是相违背的，国家设立小额贷款公司的初衷是为了缓解“三农”、小微企业融资难的困境，应坚持“小额”“分散”的原则。

按照银监会和中国人民银行的有关规定，小额贷款公司应将信贷资金的70%以上投入到“三农”领域，应该在缓解农村地区小微企业融资难这个艰巨的任务上起到积极的作用。现实生活中，金融机构中只有商业银行才有吸收社会存款的能力，小额贷款公司是不允许吸收社会存款的，只能通过最初募集的自有资金进行放贷，从而小额贷款公司可用来信贷资金的总额比较少。虽然如此，在一定程度上小额贷款公司也是响应了政策的号召，作为民间资本阳光化的产物，服务于当地的经济发展。

小额贷款公司虽说近些年发展迅猛，但是其在经营管理过程中所暴露出的问题也是颇多，学术界和实务界对小额贷款公司的关注度是特别高的。

1. 法律定位模糊，财政支持缺乏

小额贷款公司是从传统的民间金融演化过来的，缺少政府有力的财政支持。从司法解释上来看，小额贷款公司是有限责任公司，和传统的金融机构在法律上的地位是完全不一样的，政府给予金融机构的财政补贴小额贷款公司是享受不到的。小额贷款公司用于信贷的资金总量是严重不足的，只是最初所募集的资金，不能通过吸收社会上的

存款来弥补小额贷款公司的资产流动性。社会上闲置资金基本上都被商业银行所垄断，小额贷款公司的资金很缺乏，其发展前景堪忧。

2. 监管主体不明确

截至 2016 年 6 月，小额贷款公司的监管主体依旧没有明确，国家有很多部门都出台了相关的监管法案，监管主体过多容易出现一个现象，每个部门都以为其他部门会管，但实际上，小额贷款公司却没有得到该有的监管。银监会和央行都针对小额贷款公司的健康发展出台了一系列的文件，都对小微企业进行了监管。

3. 信用风险过大

小额贷款公司在法律定性时明确应把 70% 的信贷资金用于“三农”领域，资金主要的流向是农户和小微企业，而中国的农民信用意识相对来说比较淡薄，抗风险能力比较低。现在我国农村地区也没有摆脱靠天吃饭的现状，农业科技相比于工业科技是比较差的，所以极易造成信贷资金收不回来的情形。小额贷款公司本来可用于信贷的资金总额是有限的，而农村地区的违约风险比较高，抵押物价值含量低或远远抵不了所欠贷款，小额贷款公司的经营就会陷入困境。另一方面，小额贷款公司为了所谓的利润，往往利率相对于银行而言会高很多，若农户收成不好，他们是宁愿违约的。

4. 政府的支持力度不够

小额贷款公司是从传统的民间金融演化过来的，是传统民间金融阳光化的衍生物。相比较于正规的金融机构，小额贷款公司缺少政府的有力财政支持。

（1）小额贷款公司的融资杠杆高，不能享受银行业同业拆借利率。同时小额贷款公司由于其获得资金的利率偏高，所以其贷款利率就会高，这意味着信贷资金的违约风险就会更高。

（2）小额贷款公司在税收方面享受的优惠特别有限。

（3）国家对商业银行、农信社的补贴和给予小额贷款公司的补贴是不能比较的，差距太明显。

综上所述，如果小额贷款公司能够积极地响应国家服务“三农”的宏观政策，其法律地位在未来就一定能够得到极大的改变。虽说在具体的实施过程中，小额贷款公司涌现出了一系列尖锐的问题，但是其于国于民有利的一面，仍然是显著的。对于小额贷款公司而言，要审慎地看待自己的问题，积极把握国家给予的政策机遇，做好自身从民间金融到大众金融的转型。

二、互联网金融的跨越式发展为农村小微企业提供了一个全新的融资平台

互联网金融在中国的快速发展近年来给传统银行业造成了巨大的冲击，其第三方支付平台几乎成为这个时代最杰出的创造。当互联网与零售业结合在一起时，一个个购物网站应运而生，最突出的比如：淘宝、京东、唯品会、亚马逊等。不知从何时开始，“互联网＋”这个概念突然兴起，似乎互联网平台可以搭载任何其他不同形式的产业，互联网具有极强的包容性。当互联网与中国传统的信贷行业联系在一起时，又会产生什么奇妙的结果呢？其对农村小微企业的“融资难”现状是不是会有具体的缓解？这些都将是接下来将要论述的重点。

互联网金融融资平台有“众筹融资”“道口贷”“万达贷”等，“万达贷”主体是面向于小微企业贷款的，然而其却有相对很严格的审批程序，只有通过了其审批程序的小微企业才能获得所谓的信贷资金。其审批程序也就是对小微企业信用状况的摸底、抵押担保品的估值及小微企业所从事产业的预期。所以本质上来说，对于那些信用良好的农村小微企业而言，融资渠道变广了，解决了一定程度的“融资难”，对于那些信用状况不好的农村小微企业，其“融资难”的状况依旧是没有得到解决。其实换一个程度来思考，如果连那些信用状况很糟糕的农村小微企业都能在互联网融资平台得到信贷资金，那整个社会的信用体系也就完全崩溃了，从而也就不符合小微企业“优胜劣汰”的生存法则了。

比如，从一开始，众筹融资这个理念刚刚形成，其就在理论界和实务界掀起了剧烈的讨论。因为众筹融资这个商业模式是基于互联网和金融的衍生，从本质上来说，并没有什么创新，只是平台更广了，应用了大数据，它和实体金融机构有一个显著的不同点——众筹融资

最初是由互联网公司推出的。互联网金融公司从法律性质上定性为一般企业，然而其涉及的业务都是货币型金融产品，货币型金融产品具有极高的风险性，社会影响极其深远。

（一）小微企业采用众筹融资模式的优点

1. 拓展了农村小微企业的融资渠道

前文已经详细地分析了农村小微企业融资渠道单一的特点：商业银行由于营利性的原因不愿对其放贷，所以农信社由于关系户和信贷资金总额有限的因素，对农村小微企业信贷申请的覆盖度和对其信贷资金的满足度都是有限的。农村小微企业的融资能从正规金融机构获得的可能性比较少，融资渠道比较单一，而众筹融资模式能有效地拓展小微企业的融资渠道。

2. 降低了融资成本

由于农村小微企业的信贷资金大多数来自于民间金融，相应的利率是比较高的，所以企业的融资成本是比较高的，而众筹融资的资金是从平台上募集而来的，利率相应地要比小额贷款公司的利率要低很多，所以对于急需要用款的农村小微企业来说，是极大地降低了融资成本。

3. 提高了融资效率

以农信社为主体的农村金融机构在审批贷款时，需要逐级审查，至少会需要半个月的审核周期。小微企业向金融机构申请的资金一般是用于补充流动资金不足的困境的，具有一定的时效性，若审批时间太久，会严重影响农村小微企业的融资效率。小微企业就会从其他途径融得资金，此时即便小额贷款公司抑或民间高利贷利率非常高，对于迫切需要信贷资金支持的小微企业来说，若收益大于损失，或许能够解决燃眉之急，如果不解决资金问题，小微企业就会破产，那么小微企业就会不得不从高利率的小额贷款公司融得资金。

（二）小微企业采用众筹融资模式中所遇到的问题

1. 缺少专门的法律法规的保护

众筹融资这种融资模式是基于互联网金融的一种衍生体，而互联网金融在国内也是兴起不久，具体的一些法律法规以及相应的监管体系都还不完善，所以相应的法律法规需要在实践中根据所需要解决的问题慢慢完善。

2. 信息不对称风险

资金的使用方和资金的投资者两方具有天然的信息不对称性，况且此时两方都是基于众筹平台的，资金的募集者对自己资金使用的方式、途径都是不甚了解的，缺乏了资金募集者的有效的监督，仅仅是依靠融资平台自己的监督有时候会产生极大的风险。

第五章 安徽农村普惠保险发展分析

对于农村普惠保险这一概念，学者们一直都有争议，但农村普惠保险对于农村经济发展的积极作用，已经达成共识。农村普惠保险的突出特点就在于它不是单纯的以营利为目的，而是切实为农民带来好处，是一种利农惠农的保险。

农村小额保险不仅为农村人口增强抵御意外伤害风险的能力，还帮助政府引入保险机制参与社会管理，有效化解因意外伤害引发的社会矛盾纠纷，进一步完善农村社会保障体系。政策性农业保险对保障农业再生产的顺利进行、推动农业的可持续发展具有十分深远的现实意义，是建立和完善农业灾害补偿机制、减少生产经营风险、保障农民经济利益、促进农村经济发展的一项惠农政策。因此农村小额保险与政策性农业保险理应纳入农村普惠保险的范畴。安徽省也是首次开展农村小额保险与政策性农业保险的省份之一，本章将通过对安徽省农村小额保险和政策性农业保险的研究，从而认识安徽省农村普惠保险的发展。

第一节 农村小额保险发展分析

小额保险作为一种保险创新，起源于发达国家，20 世纪末却在一些发展中国家兴起，并且迅速向世界其他发展中国家和市场蔓延。它将目标客户锁定在中低收入居民，保费低廉。其是目的在于扶助中低收入群体有效应对和处理某些风险的一揽子保险。低收入人群无法用商业保险、社会保障或社会救助的形式来满足自己的保险需求，而小额保险的出现刚好弥补了这一空白。

20世纪90年代以来，国际保险监督协会（IAIS）、国际劳工组织（ILO）和世界银行会定期召开小额保险国际研讨会，在小额保险产品、渠道、经营模式、监管等方面进行研究和创新。2012年4月10日，国际劳工组织发布了《保护最贫困者：小额保险指南》。报告中指出：根据国际劳工组织和慕尼黑再保险基金会的最新调查数据显示，小额保险的覆盖范围正以惊人的速度增长。截至2007年，全球仅有7800万的低收入劳动者拥有小额保险，而至2012年这个数字已近5亿，增长了近6.5倍[①]。

中国保监会积极借鉴印度、菲律宾等发展中国家的成功经验，于2008年正式启动了农村小额保险试点工作。2009年，中央下发了《关于印发安徽省农村小额人身保险试点工作实施方案的通知》，安徽省被保监会纳入第二批农村小额保险试点省份。试点工作开展以来，得到了省政府及相关部门的大力支持。党的十八大为解决好"三农"问题，对于农村小额保险业做出重大安排部署，国务院印发了《国务院关于加快发展保险服务业若干意见》，强调至2020年，保险深度要达到5%，保险密度要达到3500元/人。目前农村小额保险发展势头良好，保障人群逐年增多，同时有很多农村朋友出险得到了理赔。在试点过程中，小额保险充分发挥保险的社会管理和经济补偿职能，积极化解风险，维护社会稳定。小额保险独有的惠农支农作用开始显现。因此，对安徽省小额保险发展问题的研究显得十分必要。

一、农村小额保险的经济学分析

（一）农村小额保险的内涵与特征

1. 农村小额保险的内涵

近年来，小额保险在一些发展中国家和地区蓬勃发展起来，并引起了广泛重视。从这些国家和地区的实践来看，小额保险适应了低收入群体的风险特征及其收入水平，主要承保危及农民生产安全和基本生活稳定的疾病、生命、意外等基本风险。小额保险凭借其保额小、

① 资料来源：中国保监会。

保费低的特点，在风险保障和金融扶贫过程中发挥了积极作用。到目前为止，国际上关于小额保险的权威定义主要有两种：

（1）根据国际贫困扶助协商组织（CGAP）的界定，小额保险主要是面向低收入人群，依照风险事件的发生概率及其所涉及成本按比例定期收取一定的小额保费，旨在帮助低收入人群规避某些风险的保险。

（2）根据国际保险监督官协会（IAIS）关于小额保险的定义，农村小额保险是依据公认的保险惯例（包括保险核心原则）来运营的，是由多种不同实体为低收入人群提供的保险。

上述两种定义共同反映了小额保险的基本内涵，即为低收入人群提供的具有风险分散功能的商业性保险产品。

就我国目前的实际情况来看，我国中低收入人群主要集中在农村地区。改革开放以来，我国政府多次上调国家扶贫标准。2009 年，中国国家扶贫标准从 2008 年的年收入 1067 元上调至 1196 元，2010 年上调至 1274 元，2011 年中央决定将农民人均年收入 2300 元作为新的国家扶贫标准，比 2009 年提高了 92%。然而，这与世行推荐的人均 1.25 美元每日的贫困线相比，差距仍然十分明显。按照 2016 年 12 月 1 美元对人民币 6.91 元的汇率水平，1.25 美元相当于 8.64 元人民币，即年收入 3152.68 元。按照世界银行的标准，我国城市居民中贫困人口仅占全国总贫困人口的 1%～3%，其中大部分被最低生活保障等基本保障措施所覆盖，而 90%以上的贫困人口集中于农村地区，他们缺少最基本的风险保障。随着经济社会的发展，农村地区贫困的人口的流动性增强，出现了庞大的农民工群体，他们虽然离开了农村地区，但也可以视作农村低收入人群。

本节将农村小额保险的研究范围界定在涉及“三农”的小额保险方面，它是为包括流动农民工、被征地农民等新社会群体在内的广大农村居民提供养老、医疗、意外事故、财产损毁等基本风险保障的商业保险。

2. 农村小额保险的特征

（1）以收取保费为前提，遵循基本保险原理

农村小额保险得以运营的基础是收取一定的保费，在发生保险事

故时向投保人进行赔偿和给付，达到转嫁和分散低收入人群风险的目的，遵循大数法则的基本保险原理。这也将小额保险与传统意义上的社会福利和政府救助区分开来。

（2）被保险人属于低收入群体

低收入人群通常工作在非正规的经济环境中，无法享受政府提供的社会保障，也无力购买价格较高的商业保险，同时又具有保险需求和一定的购买力，能够定期缴纳小额保费，他们是农村小额保险的主要服务对象。这部分人群不包括无法负担保费的赤贫阶层。因为赤贫阶层无力支付小额保险的保费，只能依靠政府的救助。

（3）农村小额保险的保额小、保费低、保障程度有限

农村小额保险保额小、保费低、保障程度有限的特点是由其服务低收入人群的特征决定的。一方面农村小额保险以保障低收入群体的基本生活为标准，保障程度有限；另一方面，农村小额保险的定价必须适应低收入人群的购买能力。农村小额保险的这个显著特点满足了低收入人群的保险需求，同时也能有效降低保险公司的成本。

（4）农村小额保险流程相对简单

流程简单既是由农村小额保险客户群的特征决定的，也是供给者降低成本的需要。一方面保险公司简化展业、承保、收费和理赔过程，使农村小额保险易于销售、易于管理，同时可以提升运营效率，减少公司费用成本和隐形成本，从而最终降低保费。另一方面，低收入人群的文化水平相对较低，简单的操作流程更能吸引他们对农村小额保险的注意。

（5）具有一定的公益性

小额保险旨在帮助低收入人群规避基本生活和生产风险，避免其因为自然灾害、死亡、疾病等原因致贫或返贫。小额保险并不单纯为了盈利，而是具有稳定社会秩序、安定社会生活的社会效应。特别是在低收入人群占很大比重的社会中，农村小额保险的发展有利于整个社会的整体稳定和发展。

（二）农村小额保险的相关经济学分析

1. 需求供给分析

生活中的风险以其客观性、不确定性和普遍存在性给人们带来各

种程度的损失。由于它不像金融产品的风险那样还会伴随着一定的收益，所以人们在生活中对待风险的态度往往是极力规避的，这就产生了潜在的保险需求。而有需求就有市场，保险的供给者也会提供与需求相符的产品和服务。由此看来，在理想的情况下，保险的需求量与供给量应该是相当的。

但是，农村小额保险这个特殊市场，从供给的角度看，受到信息不对称的严重影响。保险供给者无法准确获得农村居民完整、真实的信息，这给风险的测算增加了不小的难度。同时，风险的不确定性催生了道德风险和逆向选择的问题。相比于城市来说，开拓农村市场意味着更高的服务成本和代理费用支出。这就使得经营农村小额保险业务的利润空间狭小，这些都会降低保险供给者为农村居民提供保险保障的积极性。另一方面，从需求的角度看，保险供给者由于信息不对称而无法提供符合农户切实保障需求的产品和服务，会使得有效供给不足，从而导致有效需求得不到满足。同时，保险供给者如果将开拓农村市场的各项成本都归集到保险产品上，企图最终转嫁到农户身上，即便农户有切实的医疗、养老和意外伤害的保障需求，也会因为购买力不足而出现有效需求不足的局面。由此可见，在积极提升有效供给水平的基础上，将农村巨大的潜在保险需求转化为有效需求，是发展农村小额保险的关键点。

2. 利基策略分析

利基策略是指企业根据市场细分的原则，将产品定位于那些竞争相对较小的“利基市场”，使其发展空间边缘化。也就是说，把目标市场瞄准于被其他企业忽略或未被重点开发的非主流市场，利用更针对于该市场的特色产品和服务，在规避强大竞争对手压力的同时牢牢占领该市场。

对于我国现阶段的保险发展状况来说，广大的农村地区仍然是一片未被传统商业保险重视的尚待开拓的潜在市场。在农村经济迅猛发展的同时，社会保障体系还处在逐步完善的阶段，年均纯收入逐渐提升的农村居民越来越有经济实力满足自身未被社保覆盖的保险保障需求。这意味着农村保险市场蕴藏着巨大的商机。如果保险供应商能够在进军农村市场的时候，提供更适应于农户需求和消费理念的特色产品和服务，从而树立良好的品牌和企业形象，增强客户黏性，必定可以抢占先机，在竞争较小的环境中获得利润的稳固增长。

3. 金字塔底层战略分析

21 世纪初，学者 C. K. Prahalad 和 S. L. Hart 在 *The Fortune at the Bottom of the Pyramid* 一文中提出了金字塔底层（Bottom of the Pyramid，简称 BOP）战略理论的构想。在该理论中，两位学者认为，在全球范围内，每天用于日常开支的费用低于 2 美元的人口数量超过了 40 亿，他们屈居于金字塔的底层。虽然人均消费能力不强，但从总量上来看，这群低收入人群却形成了一个庞大的潜在需求市场，他们有着与其收入水平相适应的购买能力和品牌认知。如果市场的供给方能够将低收入人群定位为目标客户群，提供与该群体的消费理念相适应的产品或服务，那么成功进入并占领一定的市场份额并不是一件特别困难的事情。

农村小额保险市场这一新兴的商业模式恰好契合了金字塔底层战略理论的核心思想。保险供应商如果要想分享农村低收入市场这块大蛋糕，就必须制定出符合农村居民消费习惯的保险产品，并积极利用好政府和村级民间组织的号召力和联结作用。

二、小额保险发展现状及问题

（一）小额保险发展现状

我国小额保险起步于 2003 年，由太平洋人寿保险率先在浙江省嘉兴市开始尝试小额信贷保险试点。当时推出的保险试点产品是防范借款人意外伤害险的“安贷宝”。2008 年 8 月，中国人寿、太平洋人寿、泰康人寿和新华人寿四家保险公司又在黑龙江、江西、河南、湖北、广西、四川、甘肃、青海、山西九个省（区）开始试点，推出 14 款小额保险产品，共覆盖低收入农民 238 万人。这标志着我国小额保险业步入了一个崭新的发展时期。自 2009 年 4 月试点以来，安徽全省共承保农村小额人身保险 1797 万元，覆盖人群 69 万人次，提供风险保障

92亿元，共有244人次获得理赔，赔偿金额281万元[①]。为农村低收入农户解决因疾病、自然灾害和意外伤害等造成的风险提供了保障。经过这些年实践与发展，小额保险在我国农村保险市场上发展迅猛，势头正旺。承保的风险涉及小额农业和财产保险、小额寿险、小额意外险、小额健康险等，保险产品种类已多达160个，成为农民买得起、买得到、愿意买的金融产品。

（二）小额保险发展问题

1. 农户缺乏保险意识，参保积极性不高

缺乏保险意识是抑制小额保险发展的主要制约因素。我国农村大部分地区交通不便，信息不畅，对外相对闭塞，农户自我保护意识和生存保障观念落后。受传统观念和生活方式的影响，农民的习惯是将风险留给自己，靠自身能力或靠亲友帮助去化解风险。再加上农民收入呈季节性变化，可支配的收入较低，没有足够的经济实力去承担保费。在对安徽省406位信贷客户调查中可以发现，尽管“天灾人祸”给农户生产和生活造成的损失很大，客观上形成了农户对保险的需求。但由于绝大多数农户因贷款额度不大、生产规模较小、农业收入占家庭纯收入比重有所下降、存在侥幸心理等原因，参与保险的热情不高。从承受的保费来看，农户似乎不愿意出更多的钱来购买保险，他们要的是握在手中的实惠。即使有闲钱也愿意存在银行，他们认为这样最安全最放心。对收益不是立竿见影的或者可能不发生赔付的农村小额保险持怀疑态度，大多数农民都认为保险不可靠，认为避免风险可采取选择多样化生产这样的其他途径。选择与公司签订保单的仅占18.97％。因此大多数农户对农村小额保险的购买积极性不高。

2. 农村小额保险市场供需失衡

小额保险服务具有准公共品属性，但在农村供需失衡。在供给方面，由于我国农业的粗放型经营方式和农村金融市场的滞后发展，保险公司一般不愿也不敢涉足农业领域，这就导致了我国广大农村地区缺乏应有的风险保障制度。虽然保监会出台了一系列小额保险优惠政

① 资料来源：安徽省保监局网站。

策，如减免保险监管费、政府给予保费补贴等。但也只有不到十家的保险公司申请了开办小额保险业务，仅有五家正式开展了保险业务。其原因是农村经济发展缓慢，农民收入低，保险利润空间不大。另外，农村居住分散，风险责任界定有难度，保险服务成本高，也是小额保险业务难以开展的重要原因。所以，大多数保险公司放弃进入农村市场。在需求方面，小额保险设计的险种较少，难以满足农民多元化选择需求。目前，已经开办的小额保险险种也局限在人身意外险和寿险，对农民比较关注的养老险、健康险、子女教育险、储蓄险等涉及不多。此外，农民支付能力也限制了小额保险的发展。尽管小额保险保费相对传统商业性保险已经很低，但对低收入的农民来讲，费用仍然还是较高。

3. 农村政策性金融机构未充分发挥其政策职能

经过这几年的发展，安徽省的金融机构有了长足发展。截至 2014 年 6 月底，安徽省银行金融机构在乡镇及以下区域共设立标准化营业网点 3956 个，流动服务网点和简易便民网点共计 16117 个，设立农村自助银行 433 个，较 2013 年 6 月底分别增加 65 个、446 个、128 个[①]。目前安徽省政策性金融中农村金融的供给主体主要是中国农业发展银行安徽省分行。农发行在支持地方粮棉油企业政策性收购中发挥了主导作用，在一定程度上也切实保护了农民利益，但农发行将过多的信贷资源集中运用到粮油购销和储备等业务发展中，对于农民的小额贷款力度支持就不够，影响农民购买小额保险的能力和积极性。一项调查显示：目前农发行的粮棉油收购贷款占到其全部贷款余额的 84.8%，而涉农小企业贷款余额占比不足 1.5%[②]。安徽省农村的政策性金融机构在支农过程中并没有充分发挥其政策性金融应有的功能，其政策性金融作用有弱化的趋势。

4. 保险从业人员少

我国保险公司设立在村一级的机构较少，从业人员也很缺乏。由

① 资料来源：安徽省银监局。

② 资料来源：安徽省银监局。

于保险业的特殊性，产品基本都是一对一销售。在人员不足的情况下，农村保险业的发展显得无力且苍白。虽然《农村小额人身保险试点方案》中提到："保险公司可以委托农村基层组织或机构，包括妇联、村委会、合作社、供销社、村卫生所、计划生育协会以及新型农村合作医疗经办或代办机构等团体的工作人员销售小额保险。"但是，国家行政条文明确规定，这些团体机构是不能从事保险经营活动的，所以保险公司无法依靠他们发展小额保险。

5. 保险制度不完善

保险制度规定只有县级以上的保险公司才有理赔权，营销部和村级保险分支机构不能越级行使这个权利。随着农村小额保险规模的逐步扩大，基层机构的工作量和工作压力也随之增加。

三、小额保险的国际经验及启示

从世界范围来看，发展中国家人民普遍生活水平不高，人口数量多，且低收入群体占多数。这为小额保险的生存和发展提供了良好的市场环境。因此分析小额保险的国外经验需要从第三世界国家的实践经验入手。通过归纳和总结各国小额保险的实际操作情况，一方面为本节的理论剖析提供实例支持，另一方面也为促进安徽省小额保险进一步发展提供有借鉴意义的参考。

（一）亚洲小额保险的发展

近 30 亿的亚洲低收入人群，是世界上最大的小额保险市场。据统计，在亚洲有超过 7000 万的人口受到小额保险的保障，其中每日收入低于 2 美元的占这部分人口的 90%。虽然小额保险在亚洲的保障人数是最多的，但是，由于亚洲整体人口数量巨大，小额保险在亚洲的覆盖率还是很低的，只达到了贫困人口的 2.7%[①]。在亚洲地区，日本、印度和菲律宾是小额保险发展比较成功的地区。

1. 菲律宾的小额保险介绍

在菲律宾，小额保险是保障自雇人员或非雇佣人员的。他们通常

① 资料来源：国际小额保险中心数据。

没有正规的保险保障，也没有长期储蓄。菲律宾政府意识到小额保险对完善国家社会保障制度、提高贫困人口生活水平所存在的巨大作用，一直积极鼓励小额保险业务的开展。小额保险在菲律宾成功发展主要归功于互利组织（Mutual Benefit Association，MBA）这种经办模式。菲律宾最大、最典型的农村小额保险机构就是 CARD MBA。CARD 使用 Grameen Bank 模式，为月收入低于 33 美元的无地妇女提供服务。CARD MBA 就是 CARD 专门成立用来处理保险需求的。CARD MBA 为成员提供寿险和伤残保险，以及强制性的退休金计划。

2. 印度的小额保险介绍

印度同许多发展中国家一样，存在大量非正规的小额保险计划。在印度保险监管机构颁布有关正式文件以前，印度的大多数小额保险计划都是基于某种社区模式或者由信贷机构自行管理。这些组织无资格取得保险执照，在法律真空中运作保险。目前，印度保险监管当局还没有对这些保险计划采取行动，合规的保险公司对这一现象非常不满，要求当局采取措施解决这一问题。

3. 日本的小额保险介绍

第一次世界大战以后，日本国家资金匮乏，无力向国民提供必要的保障。政府为了解决这一困难，学习英国简易保险业务的经验，同时吸取教训，开展了适合日本国情的小额保险业务。日本采用邮政经营的方法，产品的销售主要依靠营业网络和外勤人员。早在 20 世纪初，日本就颁布了《简易人寿保险法》对小额保险业务单独进行监管。由于小额保险在很大程度上帮助日本解决了国家社会保障问题，日本政府一直对小额保险给予税收方面的优惠，并为小额保险产品费率的降低提供了财政支持。日本小额保险的发展与这些措施密不可分，这些也使得日本成为迄今为止开展小额保险业务最成功的国家之一。

（二）中南美洲小额保险的发展

在秘鲁、哥伦比亚等中南美洲国家中，小额保险很好地覆盖了大部分低收入人群。在这些国家，小额保险产品主要以团体保险的形式提供，并强制要求低收入群体购买。这种方式降低了保险公司的成本，推动了小额保险的发展。在秘鲁，小额保险以母婴健康保险（SMI）

的形式于 1998 年正式启动。该计划向生活贫困或者从事高风险工作的女性以及 0～4 岁的幼儿提供医疗保障。SMI 计划通过对提供医疗服务的机构进行分类，严格限制了目标客户群。签约的医疗机构通常更适合穷人和低收入阶层，境况较好的家庭往往不愿到设施一般的医疗中心或卫生点就医。秘鲁政府为了支持 SMI 计划的顺利发展，由国家财政提供资金解决其 95％的预算和理赔费用。在 2003 年，秘鲁政府在 SMI 计划的基础上推出了 SIS 计划，使得秘鲁小额健康保险的覆盖群体进一步扩大。

（三）非洲小额保险的发展

在非洲，约有 350 万人投保了小额保险，在贫穷人口中只占约 0.3％的比例。不难看出，对于整体经济水平落后，大部分人口处于贫困状态的非洲地区来说，这一覆盖率是很低的。这种低覆盖率，主要与小额保险在非洲的销售模式有关。与中南美洲不同，非洲的小额保险的保险机构很多，提供的小额保险产品种类也特别丰富。但是，在非洲小额保险的销售渠道单一而且保险公司的规模较小，使得小额保险在非洲发展缓慢。近几年来，南非的丧葬小额保险发展较好，国家立法也加强了对低收入人口的金融保障。

（四）可借鉴的经验

通过小额保险在别国的发展情况来看，对于发展中国家和经济欠发达地区来说，小额保险产品具有良好的发展市场，关键是需要从事经营和管理的各方主体相互协调配合，从而达到推动小额保险良好发展的目标。

1. 政府支持推动小额保险发展

小额保险能够快速发展，与政府的支持和积极引导是密不可分的。例如日本，政府专门制定《简易人寿保险法》对小额保险进行单独的监管。同时，采取减免税收等措施，为小额保险业务的发展壮大提供资金支持。但是，也有一些国家的法律规定仍不能明确划分一些部门的权力，导致监管交叉甚至重叠，阻碍小额保险的正常发展。另外，一些国家使用保险法对小额保险进行统一监管，这一框架对大多由非正规主体经营的小额保险约束很大，影响小额保险保障功能的发挥。

2. 选择适合国情的经营模式

优化资源配置，必须选择最佳的操作模式。由于不同国家在环境、资源、宗教、文化等方面的差异，各国应根据国情，选择最合适的经营模式，各种模式在一定条件下也可以相互转换。由于小额保险与传统的保险产品不同，它的需求方是需求弹性较大的低收入群体，而且他们面临的不确定因素更多。所以，用原有的模式经营小额保险市场是行不通的。现有的小额保险经营模式大多处于摸索阶段，需要一个广阔的交流平台，实现信息资源的共享，促进小额保险经营模式的不断创新完善。另外，小额保险应尽量与其他组织加强联系，相互合作，以获得更多资金、技术和管理方面的外部支持。

3. 设计合理的产品类型

由于小额保险的客户群为低收入人群，在设计产品时，应针对这一群体的特点，尽可能地压低保费并针对特定风险设计保险条款。小额健康保险主要提供发生疾病的医疗费用、生育住院费用以及其他因治疗而导致的损失费用。例如秘鲁的 SMI 计划以及菲律宾 CARD MBA 计划中的机动车交通事故住院保障都是小额健康保险的成功案例。小额人寿保险在国际上的使用更为广泛，亚洲小额保险发展较好的几个国家都推出过不同类型的小额人寿保险业务。这主要是因为，对于低收入或者贫困人群来说，家庭成员的死亡会给一个家庭带来沉重的经济负担，小额人寿保险对这种家庭给予保险保障，以帮助其解决丧葬费用并为日后生活提供一定的补偿。发生意外事故时，小额意外保险可以提供死亡、残疾保障，它通常与个人死亡保险保障一起提供，也可单独提供。无论哪种小额保险产品，都必须切实保障目标群体的利益，不难看出，只有针对一国国情设计出的特定小额保险产品，才能在这个国家中得到较好的发展。

四、农村小额保险发展对策

（一）提高农户的投保能力

小额保险在农村地区的普及率低下，最根本的因素还是由于农村居民的收入不高，无法在满足基本生活消费支出之后还有余力购买保险产品。2015 年，安徽农村常住居民人均可支配收入为 10821 元，只有全省人均 GDP 3.6 万元的 30.06%[①]。因此，要提升农户的投保能力，还需要大力发展农村经济。只有打好了经济基础，农村居民手中有了更多富余的资金，农村小额人寿保险的发展才不会是无源之水、无本之木。同时，农村小额人寿保险作为社会保障体系的构成部分，就意味着财政的转移支付要根据收入水平进行差额补贴，有针对性地提高农村居民的投保能力，使得越是收入低的农户越能从这一险种中获益，只有这样才可以有效减少甚至杜绝农户因为交不起保费而被拒之门外的情况发生。

（二）提升农户的保险意识

农村相对城市来说，存在着信息相对闭塞、文化教育相对落后的不足，导致农户的知识水平普遍不高，对保险的认识十分有限。然而，通过增强农村居民的风险意识，可以让其认识到转嫁和分散风险能给自身带来好处，进而促使他们产生保险需求。因此，应找到合适的宣传媒介，以贴近农村现实生活、符合农户思维习惯的宣传方式，开展社区营销活动，比如，选择固定的时间在村委会召集村民观看小额人寿保险的宣传短片，采取有奖问答竞赛的方式激发农户了解小额人寿保险的积极性，或是在现场模拟小额人寿保险理赔并支付保险金的流程。通过展示保险的作用和效果，让农户亲身体会到投保能给切身利益带来好处，使其对小额人寿保险有一个更为切实的认识，从而提升农户的保险意识，促进小额人寿保险在农村的发展。

（三）提升保险公司的管理水平

小额人寿保险在我国尚处在初级发展阶段，从小额人寿保险提供机构的管理水平这个角度来看，主要表现在保险公司人才缺失和管理粗放两方面。人才缺失主要体现在保险现场工作人员的专业技能匮乏。小额人寿保险具有其特殊性，这就要求在销售技巧、保险教育和客户服务等方面都有特殊的专业知识。所以在未来的发展过程中，需要重视并加强对专业人员的岗前培训，培养细分的专业人才，并重视行业

---

① 资料来源：《安徽省统计年鉴 2016》。

人员的福利待遇，创新积极机制，在培养出人才的同时留住人才，从而进一步完善小额人寿保险行业的人力资本建设。同时，保险公司管理方式粗放的问题也不容忽视，精细化管理是小额人寿保险管理的下一个发展方向。精细化管理可借鉴目前已经实践成功的专业管理系统，如国际劳工组织研究开发了一款小额保险软件。借助这个软件，管理者可以系统地处理投保、登记、保费缴纳、理赔等工作。通过软件的开发和运用，可以有效降低管理成本，提高小额人寿保险的运营效率。

（四）降低保险公司的运营成本

适应小额人寿保险快速发展趋势的当务之急是提高小额人寿保险的经营效率，降低小额人寿保险的运营成本。保费低廉是小额人寿保险最为显著的特征之一，要维持较低的保费，保险公司不仅要限制保额，而且要尽可能缩减营运过程中产生的各项费用开支。小额人寿保险经营成本的降低对投保者意味着更低的保费，对小额人寿保险机构意味着利润和员工待遇的提高。具体包括：强化保障，剔除储蓄和投资等附加功能，同时减少核保程序和除外责任，使小额人寿保险产品简单透明；积极与村级非营利机构或民间组织合作，鼓励农户以团体的形式参与投保，并集中向保险公司缴纳保费，从而降低营销费用、归集成本和佣金支出。传统保单每份的印制成本是小额人寿保险不可能承担得起的，因此小额人寿保险不仅要尽可能简化保险合同和投保程序，还要精简保单的印制，控制印制成本。积极运用创新技术，基于网络和无线电的新技术在农村的快速增值扩张为小额人寿保险机构往低收入人群中延伸提供了很好的机会，自动化的策略可以运用到小额人寿保险发展的方方面面，比如农户通过农村当地的银行或ATM机来实现快速索赔等，这些都能在一定程度上缩减运营成本，在传统情况下信息不对称的保险双方之间搭建一座低成本交流的桥梁。

（五）开辟多种销售渠道和承保方式

创新营销渠道需要重点关注中介机构的作用，中介机构在了解保险交易双方的基础上，可以充当“润滑剂”的作用，有效地提高保险产品的质量，最大程度地促进双方的合作。除了传统的农村营销员上门推销的形式之外，还可以通过一些农户经常光顾的农业用品售卖点代售简易的小额人寿保险产品；积极与农村信用合作社或是在农村设有网点的银行等金融机构建立互惠合作关系，利用其完善的系统平台和稳定的客户群体，推销小额人寿保险产品；结合政府“三下乡”工程，借助建设社会主义新农村的契机，通过理赔营销、公益营销等多种途径和方式，在广大农村地区大力宣传小额人寿保险分散和转嫁风险的功能，全面提升农村居民的风险防范意识，进而扩大农村小额人寿保险的销售。在承保方式上面：为了有效降低逆向选择风险，可以以家庭为单位进行承保；对于居住地相对集中，或者隶属于同一村级组织的农民群众，可以积极发展团体小额人寿保险，以便有效降低归集成本和承保费用。

（六）优化保险产品设计

合适的产品设计可以有效地推动农村小额人寿保险业务的开展。市场反馈是保险公司所推出的小额人寿保险系列产品质量高低的试金石，如果反馈不理想，说明产品的适应性不佳，那么小额人寿保险在农村地区的持续发展将受到阻碍。要使小额人寿保险产品能够成功打开低收入市场，在产品设计中就需要尽可能考虑周全。对于农户家庭而言，有价值的产品都有共同的特性，所以应该尽量使小额人寿保险产品满足如下条件：第一，产品能够满足农户的需要，让需求作为农户最根本的出发点；第二，产品尽量简单，产品设计的各个环节都必须满足简单的原则。目前，安徽的农村居民对于含有意外伤害险的人寿保险的潜在需求比较高。另外，了解农户对保险的态度，是处于肯定立场、中立立场还是否定立场，以及农户对保险认知的深浅程度，这些都能够给保险产品销售的前、中、后等各个环节提出相应的参考。由于农户的受教育程度普遍较低，对其采用面对面交谈或访问的形式进行市场调研比起普通的问卷调查的形式可能更加实用。

（七）有机结合三种运营模式

农村小额人寿保险主要是针对农村地区的低收入人群，它在一定程度上可以看作是社会保险的补充，可以为没有被社会保险所覆盖到的人群提供一定的社会保障。但是从根源上来看，它还是属于保险的范畴，它的健康成长无法离开专业的保险机构。所以农村小额人寿保险的开展不可能完全依赖政府，主要的经营环节还是需要由保险公司来负责。在政府扶持的半商业化运营模式中，政府的主要作用是凭借自身的公信力和声誉来动员和组织低收入人群购买农村小额人寿保险。由商业保险公司来操作小额保险的日常运转，可以在保留小额保险社会公益性的同时展现其商业保险的专业优势。但是在小额人寿保险发展的起步阶段，并不适宜采用纯商业化的运作模式。安徽在现阶段不妨采取以政府扶持的半商业化模式为主体，以保险公司主导的商业模式为补充，积极探索多方主体共同参与的合作模式的途径来开展农村小额人寿保险业务。

（八）完善市场外部环境

在法律保障上，国家应该加强农村小额人寿保险的立法保障，以法律的途径规范政府、农村居民、保险公司等市场主体在开展农村小额人寿保险业务过程中扮演的角色，并清晰确立农村小额人寿保险的经营和管理方式、法律地位、农户的参与形式等具体问题。在小额人寿保险评价体系的建立上，要以法律的形式明确界定小额人寿保险的内涵、运作法则、目标群体、产品种类、营销方式、监管政策等基本问题。定期分析有关小额人寿保险业务和财务质量等方面的指标，采用独立统计的方法，密切跟踪小额人寿保险的发展情况，并及时做出评价。对于评价良好且符合在农村销售小额人寿保险条件的保险公司，要减免相应的监管费用，并给予一定的财政优惠或补贴，以缩减保险公司的经营开支。

第二节　政策性农业保险发展分析

一、政策性农业保险的经济学分析

（一）政策性农业保险的内涵与特征

1. 政策性农业保险的内涵

政策性农业保险或称农业政策性保险，从属性上看是政策性保险大类中的经济政策保险。我国关于政策性农业保险的概念从 1986 年开始探讨，尽管具体表述形式上不尽相同，但其基本含义却达成了共识。十六届三中全会通过的《关于完善社会主义市场经济体制若干问题的决定》，第一次以党的正式文件的形式将“探索建立和完善政策性农业保险制度”作为深化农村改革、完善农村经济体制的一项重要措施确定下来。同时于 2003 年 3 月 1 日正式实行的《农业法》也以国家立法的形式明确了农业保险的地位和发展模式。本节对政策性农业保险的研究，采用庹国柱（2011）提出的政策性农业保险的定义，即政策性农业保险是指当保险公司独立经营时，其收益远小于成本，具有明显的正外部性，其社会总收益大于社会总成本，为获得该险种带来的社会福利，政府必须以补贴或税收优惠等政策措施推动保险公司经营或由政府直接经营的农业保险。

2. 政策性农业保险的特征

（1）经营目标具有特定政策性

从经营目标角度来看，农业保险应在市场经济条件下，以经济利润最大化作为其经营目标。但是在现实中，大部分的农业保险险种都是具有高成本、高风险等明显特征的农业保险产品，在现如今的完全市场机制中不能自发达到市场的供需均衡。政府为了实现特定的经济社会等政策目标，必须通过直接经营或者间接介入其运作过程来维持这些农业保险险种的发展，从而保障实现其政策目标。从中我们可以看出，追求经济利益的最大化并非是政府参与运营政策性农业保险的首要目标，而应该是最大程度地实现政府特定的政策目标。

（2）经营模式具有政府主导性

从经营模式的角度来看，尽管由于各国、各地区的历史原因和经济发展水平等因素的不同，政府主导的政策性农业保险经营方式也有所不同，从而形成了不同类型、形式各异的政策性农业保险经营模式。目前主要有三种模式，分别是由政府通过特定的商业性保险公司为其代理经营、代收农业保险保费的代办经营模式；政府与商业性保险公司、合作社等农业保险经营主体合作，按一定比例分担保费的联办经营模式以及政府通过设立专门的政策性农业保险公司自办经营模式。

尽管经营模式不同，政府参与力度不同，但政府都会通过一定的方式给予政策性农业保险业务相应的政策优惠以及保费补贴的支持，保证农业保险业务的稳定发展。

（3）承保风险具有弱可保性

从风险的可保性角度来看，政策性农业保险所承保的风险大多属于弱可保性风险，即不能单独依靠市场调节而转移的风险。由于农业生产的特殊性，农业风险具有高度的系统性和关联性，一旦发生自然灾害，不但会造成同一区域内、较大范围内的保险标的的直接损失，还会引发其他的农业风险，造成农业巨灾损失，从而加大农业保险经营主体的赔偿压力，降低保险公司的承保积极性。与此同时，农业保险也具有利润低、成本高、赔付率高等特点，从而导致多数保险公司不愿承办农业保险业务。然而，从宏观层面来看，这些险种所包含的农产品关系到我国的农业生产稳定、关乎国计民生，对经济社会持续健康发展具有重要意义。因此急需政府参与，充分发挥其职能，建立合理完善的政策性农业保险制度，保证农业保险市场供需平衡。

（二）政策性农业保险的相关经济学分析

1. 福利经济学分析

福利经济学认为，农业保险的福利功效具体体现为促进农业产业化、保护农民收入稳定、对国民经济带来有利的乘数效应等方面，通过这些有利的影响实现国民收入总量增加或国民收入分配的均等化。

农业产业化是农业现代化的重要标志，农业产业化在促进农业生产规模化、集约化的同时，客观上也加大了风险的集中和扩大。农民一旦遭遇重大自然灾害就可能颗粒无收、损失惨重。农业保险可以为农业产业化编织一张“安全网”，有效地解决农业产业化过程中风险集中和扩大的问题，一旦遭遇重大自然灾害可以确保农业生产能力的迅速恢复，稳定和加强产业链的基础环节，保障农业产业化的持续健康发展。农业保险以较少的保险费支出，把不可预料的农业风险损失转移出去，可以使农业生产者和农业投资者风险预期降低，从而导致扩大生产增加投资，提高农业产业化水平，增加国民收入，最终扩大全社会福利。

农业保险还能够有效降低农民的损失，从而稳定农民的收入水平。农民收入的稳定和提高进一步缩小了社会收入差距，有利于提高全社会的福利水平。

由于农业在国民经济中的基础地位，以及农业与国民经济部门之间的密切联系，农业保险对农业生产和农民收入的保障会在整个国民经济中产生有利的乘数效应。

2. 公共物品分析

根据公共物品理论，不同时具备非排他性和非竞争性，可称为公共资源或公共池塘资源物品，即统称为“准公共物品”。农业保险既不是纯私人物品，也不是纯公共物品，而是介于纯公共物品和纯私人物品之间的准公共物品。与一般私人物品相比较，农业保险具有消费的不完全竞争性、受益的不完全排他性、取得方式上的非竞争性、利益的外溢性和利益计算上的模糊性等准公共物品的基本特征。

市场经济的理论与实践表明：市场机制不能有效地提供公共物品和准公共物品。因为市场是按照价格机制来配置资源的，只有在私人物品的范围内，市场机制才是有效率的。由于农业保险自身风险大、社会效益高和经济效益低，所以市场不能有效地提供社会所需要的农业保险。当农业保险既定的社会效益目标不能通过市场机制来实现时，政府就要用“看得见的手”通过国家立法、国家定价、财政补贴等国家干预手段来实现这一特定目标。

二、安徽政策性保险发展现状及问题

（一）政策性保险发展现状

安徽是华东地区一个拥有 16 个地市、土地达 14 万平方千米、人口 6000 多万的大省。安徽承办政策性农业保险的有国元农业保险公司和中国人保财险公司安徽分公司两家单位。其中大多数市、县农业保险由前者经办，极个别地方由后者办理。

自七年前启动政策性试点以来，经过几年的艰难摸索，尤其是《农业保险条例》实施的两年来，安徽省农业保险工作快速、可持续驶入保险新常态。2011 年承保比率超过 90%，在全国率先成为承保农作物过 1 亿亩大关的省份，农业保险取得可喜的成绩，2012 年政策性种植业保险就已覆盖全省[①]。2015 年全省政策性农业保险累计承保大宗农作物 8827 万亩、牲畜 118 万头，累计赔付 6.9 亿元。共为 1425.5 万户农户提供了 262.2 亿元的风险保障，446.9 万户农户从中受益。迄今为止，保险机构累计赔付已突破 50 亿元，逾 3930 万户农户受益[②]，为农户特别是新型农业经营主体减小收入波动，减轻因灾损失，发挥了应有的“稳定器”作用。

安徽省是农业自然灾害多发地区，旱灾、涝灾、风灾、雹灾、冻灾等灾害时有发生，这些灾害都与天气的变化密切相关。天气指数保险不以每个承保人的实际农田受损为赔付依据，而是以实际天气指数与原定天气指数的差值为依据，这样能有效降低道德风险和逆向选择，大大降低查勘定损的管理成本支出，与传统保险产品相比，具有较大的优势。在我国最早引入天气指数保险时，安徽省作为首次开展天气指数保险的省份之一进行试点。因而在安徽省内发展天气指数保险就具有十分重要的意义。

（二）政策性保险发展问题

1. 保额过低，费率级差不显著

（1）保额偏低

安徽省目前保障范围仅局限于农作物受损的部分物化成本，它不能保全部物化成本，更不能保总成本。随着安徽农村人口流向大城市的加剧，农村青壮劳动力奇缺，劳动力成本攀升，加之近年来农药、化肥、农膜等生产资料价格上涨，而保险公司在实践上仍按数年前物化成本的历史数据做参考补偿受损的投保人。由于保额过低，严重挫伤了投保人的投保积极性，保险有效需求降低。

（2）绝对免赔费率和现行计算公式均不妥

30％的理赔起点在实践中很难操作，争议较大。绝对免赔率定为 15％也不妥，可以适当降低。目前理赔公式用损失率直接减去绝对免

① 资料来源：《安徽省统计年鉴 2013》。

② 资料来源：《安徽省统计年鉴 2016》。

赔率不妥，应是损失率×（1－绝对免赔率）。一亩地的赔偿损失，两种算法比较起来，赔偿结果大不相同，承保人明显吃亏。

（3）费率级差不显著

安徽省地域广阔，不同地市农业风险级数相差数十倍，而标的费率没有差异。这造成风险度小的区域农民不愿投保，风险度高的地区农民有投保的诉求而保险公司因风险大不敢接单。保险的大数法则在农业保险中略显苍白无力，农业保险中表现出更加明显的道德风险和逆向选择，这是与普通保险相比所具有的特殊性。目前，安徽国元农业保险公司与中国再保险公司已经开展了“安徽省县级区划研究”课题，其目的就是尝试在风险分区和费率分区上实现突破。

2. 保险品种单一，农险市场垄断经营，缺乏竞争活力

安徽目前纳入政策性保险范围的标的物有水稻、棉花、小麦、玉米、油菜、大豆、母猪和奶牛，但蔬菜、果树、林木、水产养鱼、虾、蟹、家禽、养野猪、野兔、土鼋等特种养殖未纳入政策性保障之内。而这些未纳入政策性补贴的农产品与人民群众生活的质量关系密切，关系到安徽小康社会的新常态，应尽早纳入地方财政补贴范围。

安徽绝大多数市县仅国元农业保险公司一家垄断经营，有些基层分公司受灾认证不透明，没有明确的评价体系，没有第三方机构鉴定，农业保险市场缺少竞争活力，因此应鼓励 2～3 家保险公司公开竞争，共同面对农民，让农民自由挑选保险公司，从而形成适度竞争的良性局面。

3. 个别地方出现赔偿平均化、骗保、补偿非货币化、随意化、拒保等现象

农业保险应遵循“受灾重便多赔、受灾轻就少赔或不赔”的原则，可在个别地方却演变成了赔偿平均化倾向。有关系的村民和村干部虚报投保亩数，有的对田地故意不管理，骗取保费。个别保险公司补偿出现以实物代替现金现象（如过期的棉籽充当良种抵现金）。个别县，紧邻的两县补偿标准不同，受到群众质疑。个别县乡，赔偿标准随意化。比如，2009 年的赔偿是 6.7 元/亩。2010 年则规定，投保率达到 90％的村，赔偿是 6.6 元/亩，投保率不足 90％的村是 6.2 元/亩。这

就出现了赔付上的差异化，不利于农业保险的开展。

按照《农业保险条例》规定，只要标的发芽即可投保，保险人不得拒保。然而，有的基层公司一拖再拖，少则一月，多则数月作物临近收获，一旦天气异常便明确表态不予签约，出现拒保行为。

4. 查勘定损难，农业保险赔付率高

（1）查勘定损难

农业承保人的标的往往受灾时间同一，这和普通财险受灾时间的非集中不同，这就要求农业保险公司在最短的时间将各承保人的受损情况逐一统计。然而承保人基数大，分布分散，保险公司工作人员有限，这给查勘定损带来一定的难度。

（2）农业保险赔付率高

《安徽省统计年鉴 2016》显示：2015 年，安徽省保险业保费收入为 698.9 亿元，保险业赔付 276.9 亿元，赔付率为 39.6%，农业保险保费收入为 19.5 亿元，农业保险赔付 10.7 亿元，赔付率为 54.9%，农业保险收入占保险业总收入 2.80%，而农业保险赔付占保险业总赔付 3.86%（见表 5－1 所列）。所有这些都表明，农业保险赔付率比保险业平均赔付率偏高，风险偏大。

表 5－1　2015 年安徽省生产总值、保险统计表

生产总值（亿元）	22005.6	占全国生产总值百分比	3.3%		
保险业保费收入（亿元）	698.9	保险业赔付（亿元）	276.9	赔付率	39.6%
农业保险保费收入（亿元）	19.5	农业保险赔付（亿元）	10.7	赔付率	54.9%
农业保险保费收入占保险业保费总收入比重	2.80%	农业保险赔付占保险业总赔付比重	3.86%		

数据来源：《安徽统计年鉴 2016》。

5. 天气指数保险面临“三难”

安徽地域辽阔，各地环境复杂多变，千差万别。从目前的实践情况来看，推广天气指数保险面临诸多难点。

（1）设计、报批工程硕大

根据不同风险区域，参照大量的农业、气象等数据，进行数据的加工处理，检验分析，设计出恰当的天气指数产品，之后向主管部门报批备案。前前后后，是一项硕大的工程。

（2）气象观测站缺口大

气象观测站的装备质量和数量是实施天气指数的物质基础。一个气象观测站能观测 20 平方千米。安徽 14 万平方千米需 7000 个观测站，而目前只有 82 个。气象观测站缺口太大。

（3）短时期内难以得到政府财政支持

如何正确处理天气指数与传统保险产品的关系，使之相互补充、相互促进，并积极寻求政府财政支持，将天气指数纳入政策性保障范围，这也是工作的难点所在。

6. 巨灾风险机制不健全

安徽国元农业保险公司分散巨灾风险的主要手段是再保险。这种没有地方政府财政支持的纯商业行为势单力薄，无法起到比较好的效果。北京市给几家当地经营农险的保险公司购买再保险的做法值得安徽学习。因此，安徽巨灾风险分散机制还不够健全，还仅仅只是农业保险公司单方面在努力，还未形成地方政府、保险公司和社会的合力分保。

三、政策性农业保险的国际经验及启示

（一）国外政策性农业保险的做法和经验

1. 美国的以政府主导为主的政策性农业保险模式

早在 19 世纪末 20 世纪初，美国一些商业保险公司就已经涉足农业保险，尝试开展农业保险业务。这一阶段，保险公司完全自主经营，政府没有参与，由于保险范围限定在一定区域内，没有进行再保险，不能有效地分散农业风险，最终以失败而告终。于是在 1938 年美国通过了《联邦农作物保险法》，开始实施农作物保险计划，设立联邦农作物保险公司（简称 FCIC），该公司直接经营农业保险。在 70 多年的不断变革和发展过程中，形成了成熟的政府主导加私营商业保险公司经营的模式。

这种模式的最大特点是以国家专门的保险机构为主导，以农民自愿投保为原则。运作模式分为三部分：第一部分为联邦农作物保险公

司，负责制定全国的农业保险政策，规范农业保险市场，为保险公司提供管理费和保费补贴、税收优惠以及提供再保险支持，对参加农业保险的农户给予一定比例的保费补贴等工作；第二部分为私营商业保险公司，负责农业保险的一切管理和经营业务；第三部分为保险代理人和农业保险查勘核损人，这些专业人员可为多家保险公司提供服务。这种模式有比较完善的法律法规作为依托，有经过时间验证的成熟的运作模式，利用减少税收、补贴保费等优惠政策诱导商业保险公司介入其中，最终实现政府淡出、市场主导农业保险的局面。并利用巨灾债券等金融手段，分散和化解巨灾风险，有助于提高农户参保积极性，提高保险公司经营效率。这种模式是一种比较成功的政策性农业保险模式，值得我们借鉴。

2. 日本在政府支持下的相互会社模式

日本农业保险制度称为农业灾害补偿制度，概括而言就是政府通过高比例的财政补贴来稳定农业生产，该制度模式被称为政府支持下的相互会社模式。在农业保险立法方面，日本政府于 1929 年颁布了《家畜保险法》，在 1938 年又出台了《农业保险法》，后来在 1947 年又将这两部法律修改之后合并形成了《农业灾害补偿法》。政策对关乎国计民生的农作物和牲畜实行强制保险，其他如花卉、果木、蔬菜等经济作物实行农户自愿投保；要求生产规模达到一定标准的农户必须参保农业保险，生产规模达不到标准的农户自愿参保，建立了保障农业生产稳定的农业保险制度。由民间自发组织的、不以盈利为目的的保险相互会社经营农业保险，政府和商业性保险公司均不直接参与农业保险的运作，形成了极具日本特色的政府支持下的民间非盈利团体经营农业保险的模式。

在日本，农业保险的组织和运作模式主要分为三级，最基层为村一级的农业共济组合，组成人员由参与农业共济组合的农户自愿组成，以经营本地的农业保险为主要工作，同时依法将部分农业风险分担给上一级的农业共济组合联合会。第二级为府县一级的农业共济组合联合会，接受村一级的共济组合的分保，提供一级再保险和防灾防损的指导工作。第三级为国家一级的在中央政府设立的农业再保险特别会计处，接受府县一级的农业再保险，并接受政府的紧急救助资金、管理和保费补贴。除上述三级外，政府还专门成立了农业保险基金会，当遇到巨灾，对农业生产产生巨大影响，各级农业保险经营主体无力支付赔偿款时，可以向农业共济联合会提供贷款，以应付巨灾风险。

日本的这种农业保险模式能够有效地分散风险，使保费厘定更合理，有助于解决由信息不对称引起的道德风险和逆向选择问题，保证了农业保险在维持生产稳定，提高农民收入，促进农业发展等方面的作用。

3. 法国的民办互助模式

法国是一个农业大国，政策性农业保险具有互助性和非营利性等特点，有着健全的经营体系，在政府的支持下建立了专门的政策性农业保险经营机构，其部分经营成本和保费由政府直接补贴。1900 年，法国颁布了《农业互助保险法》，政策规定政府必须为农业互助保险合作组织和农业再保险机构给予一定的补贴。1976 年，法国出台了《保险法典》，详细规定了农业互助保险的经营内容和方式。法国又在 1982 年出台了《农业灾害救助法》，其中规定了对农业自然灾害保险实行强制投保。这些相关法律的相继颁布，为农业互助保险的稳定发展打下了坚实的基础。法国政府还在 1984 年设立了农业自然灾害基金，为互助保险组织所不能承担的巨额赔款给予补贴。与此同时，法国在 1986 年成立了农业相互保险集团，设立了农民寿险公司、农业相互保险公司、非农业财产保险公司和农业再保险公司 4 个保险公司，专门经营农业保险及其相关业务。

法国的政策性农业保险模式组织结构清晰有序，体系健全，主要由三个层次构成。一是处于最上层的中央保险公司，主要任务是制定相关政策，为第二层的保险公司提供再保险业务。二是处于中层的省级或地区自主经营的保险公司，独立开展农业保险的经营活动，同时在全国各地设立营业网点为第三层的农业保险互助社提供再保险业务，起着承上启下的重要作用。三是处于底层的也是数量最多的经营单位，一般设立在农村，分布范围广，为农户提供农业保险服务。法国政府通过国家立法的形式保护农业保险，成立了专门的政策性农业保险机构，同时建立农业合作保险组织，为减轻农民的保费负担向农民提供50%～80%大比例的保费补贴，向保险公司提供经营费用补贴和税收优惠政策。这些举措的推行，减轻了农业保险机构的经营风险，调动了农民投保积极性，稳定了农业生产，值得我们学习和借鉴。

4. 以亚洲发展中国家为主的国家重点选择性扶持模式

发展中国家的政策性农业保险模式以政府选择性扶持模式为主，主要以菲律宾、孟加拉国、印度、斯里兰卡、巴基斯坦、泰国等一些亚洲国家为代表，同时巴西、巴拿马等南美洲国家也以这种模式为主进行了政策性农业保险的探索。其特点主要体现在以下几点：第一，大多数国家由政府成立的专门的农业保险机构或国家保险公司进行农业保险业务的经营和管理，组织形式主要为政府参与和联合共保。第二，农业保险险种少，主要集中在小麦和水稻等几种关乎国计民生的重要农作物。第三，农业保险覆盖面较小，责任范围较小。大多数国家由于受到经济条件的制约，都对农业保险的责任范围进行不同程度的限制，一般性的商业保险公司没有能力承保农业保险“一切险”，只有国家开办的，有财政支持的保险公司才有能力承保。第四，孟加拉国除外的大部分国家都实行强制性农业保险，但各个国家的具体实施形式不同。比如斯里兰卡规定，只要是种植的农作物在农业保险承保范围内，都要依照法律强制参加保险。而菲律宾、泰国等国家，只对那些申请到被列入农业保险补贴范围内的农作物贷款的农户依法实行强制投保，并且保费直接从贷款中扣除。

中国作为发展中国家，与上述国家具有相近的国情，经济发展水平不高、农业生产能力低、农民普遍对农业保险的认识程度低、需求不足，而安徽省作为中国的缩影，农业发展同样面临上述问题，所以这些国家经营农业保险的成功经验对安徽政策性农业保险发展具有很大的启示作用。

（二）国外政策性农业保险成功经验的启示

1. 健全的法律保障

政策性农业保险作为一种保护农业发展的政策制度，对相关的法律法规具有较高依赖度。国际上政策性农业保险发展较好的国家，都有相关法律法规做基础。例如，美国 1938 年制定实施的《联邦农作物保险法》，日本在 1947 年将《家畜保险法》和《农业保险法》修改之后合并形成的《农业灾害补偿法》等。用法律的形式来控制和约束农业保险的经营，明确了经营方向，提高了经营主体的执行力，为农业保险的发展提供了强有力的保障。由此可见，立法在维持农业保险经营方面起着重要作用。

2. 坚持政策性农业保险制度

农业保险具有极强的公共性和外部性，属于准公共物品，因此需要建立政策性农业保险制度，采取政府主导、政府与市场相结合的方式来经营农业保险业务。从各个国家农业保险运作方式来看，农业保险发展情况较好的国家均坚持推行在政府支持下的政策性农业保险模式。比如法国政府在其颁布实施的《农业保险法》中，明确规定了农业保险是政策性保险，还成立了专门的政策性农业保险机构，对农业保险直接给予支持和帮助。其他诸如美国和日本等国家，也将农业保险规定为政策性保险。同样，菲律宾等发展中国家也由政府成立了专门的农业保险经营机构进行农业保险运营。

3. 政府在行政和财政方面的支持

纵观各国农业保险具体经营方式，政府都为农业保险各参与方提供了保费补贴和税收优惠等支持。首先对农业保险的经营主体提供部分经营成本和保费的补贴以及税收优惠等各种政策支持。日本政府专门成立了农业保险基金会，当遇到巨灾，农业保险补偿金无法支付赔偿款时，向农业共济联合会提供贷款，此外日本政府还承担了共济组合联合会的全部费用。其次对参保农户进行保费补贴。发达国家均对参保农户进行不同程度的保费补贴，法国政府为减轻农民的保费负担向农民提供 50%～80%大比例的保费补贴；日本的保费补贴比例还根据不同农业保险业务的费率变化而变化，费率越高，补贴就越多。发展中国家也对主要农作物险种给予大量保费补贴。

4. 建立完善的分散风险机制

各个国家都建立了完善的分散风险机制，都以各种方式对农业保险提供再保险支持。美国通过联邦农作物保险公司，对私营保险公司提供再保险；利用巨灾债券等金融手段，分散和化解巨灾风险。日本则由各级共济组合联合会为下一级农业共济组合提供再保险；政府还专门成立了农业保险基金会，当遇到巨灾，为农业共济联合会提供贷款。法国也由中央保险公司为其他保险公司提供再保险。

5. 农业保险具有一定的强制性

农业保险经营必须遵循大数原则，尽量在最大范围内分散风险。虽然各国都以农户自愿投保为原则，但为了提高参保率，都制定了相应的强制投保方案。日本政府对影响农民收入较大，关乎国计民生的农作物和牲畜实行强制保险。菲律宾、泰国等国家，对那些申请到被列入农业保险补贴范围内的农作物贷款的农户依法实行强制投保，并且将保费直接从贷款中扣除。

6. 农业保险不以盈利为目的

国外建立政策性农业保险制度的主要目的是为了稳定农业平稳、健康发展，保护农民的合法权益，所以主要从社会效益的角度来考虑，经济效益满足收支平衡即可。各个国家都对保费进行较大比例的补贴，提高了农户参保积极性和保险公司的经营主动性。对促进农业保险的持续稳定发展，维持社会稳定具有重要意义。

四、安徽政策性农业保险发展对策

（一）进一步提高政策性农业保险保障能力

进一步提高农业保险保障标准，不仅仅以数年前的历史资料计算物化成本，还应参照近几年物化成本的动态变化，将劳动力成本、生产资料价格上涨等因素综合考虑进去，补偿受灾的投保人标的物全部物化成本，以进一步降低其经济损失，提高农业保险有效需求。进一步降低绝对免赔费率，将目前理赔公式予以调整。用上文提供的方法，即损失率×（1－绝对免赔率）。同时，加紧国元县级区划研究的步伐，早日将研究成果付诸实践，彻底解决费率级差不显著的问题，通过费率分区以求保险的公平、公正。

（二）加强政策针对性，扩大政策性扶持

按照不同的补贴标准，逐步将蔬菜、果树、林木、水产养鱼、虾、

蟹、家禽、养野猪、野兔、土鼋等特种养殖，尤其有机蔬菜、生态农业、设施农业纳入政策性保障范畴之内。

通过设立不同档次的农业保险产品，供农民选择。根据《农业保险条例》第二条之规定，各省、市可确定适合本地区实际的农业保险模式。因此，安徽各地可根据当地的经济发展水平及农民的实际需求，设立高档、中档、低档等不同层次的保险产品，供承保人挑选。

（三）加强农业保险监管，保持其监管的透明度

农业保险监管的目的不仅在于纠正“市场失灵”，弥补市场机制的短板，而且更主要在于规范保险人、承保人、投保人及地方政府的行为，弥补“政府失灵”，克服政府行为的越位和越权，防止“寻租”的滋生蔓延。《农业保险条例》第二十四条指出：禁止截留、侵占、挪用保险人应当赔偿被保险人的赔偿金的行为。按照该条例要求，安徽省必须严厉打击农业保险经办中各种违规操作行为。

保持农业保险理赔决策全程的透明化、公开化，吸收投保人代表参与理赔决策，这样有利于减少农业保险监管过程中专断决策的概率，让农业保险监管在阳光下进行。应引入竞争机制，鼓励 2～3 家适度竞争，有利于消除不公平的霸王条款，从制度上杜绝核损理赔随意化现象，从而最大限度地降低农业保险过程中违规行为的发生。

（四）骨干农民当业务员，降低查勘定损成本，加强灾害预防工作，降低保险赔付率

1. 骨干农民当业务员，降低管理成本

法国安盟是进入中国保险市场的唯一外资农险公司。安盟的做法：参照农业保险行业对业务员的职业要求来从农村挑选业务员，原则上都是兼业，要贴近农民，贴近基层，扎根农村，否则便取消其安盟业务员资格。

土生土长的农民做业务员有几点好处。第一，能贴近群众，与群众没有心理距离；第二，了解当地情况，能随时到各家登记填表，能第一时间查勘定损，从而有效降低了管理成本；第三，成为农村与城市沟通的桥梁，将外面的信息带回乡里，带动了乡村致富。因此，国元可学习安盟的做法，在安徽当地农村招聘业务员。

2. 加强灾害预防工作，降低赔付率

加强灾害预防工作。在恶劣天气到来之前，保险公司要及时通知到各家各户，提醒广大投保人注意防范不良天气。受灾之后，鼓励投保人对标的进行补栽、补种，开展灾后田间管理，最大限度降低受灾损失，保险公司可以给投保人适当劳务补贴，以调动其灾后自救的积极性。

此外，政府应加大财政支农力度，给农业保险更多的政策性支持，同时加强再保险工作，以分保形式分散农业保险风险。

（五）大力推广天气指数保险

在水稻产区应开发干旱保险，在茶叶、油菜产区应开发低温保险，在果树产区应开发冰雹大风保险。安徽省地方政府应进一步完善针对天气指数的财政支持，大力支持气象观测站建设和气象数据的收集、加工、处理工作，努力为发展气象保险创造良好的外部宏观环境。

安徽省地方政府，一方面，可给予参加气象指数保险的投保人优先贷款，降低贷款利率，优先给予农资补贴、农机具补贴；另一方面，当气象指数达到极端情况时，可通过减免贷款利息来弥补投保人的气象灾害损失。

（六）地方政府应建立财政支持的大灾风险分散机制

农业保险风险大，一旦出险会给保险人带来巨大的赔付压力，仅靠保险人与再保险人紧密合作来降低风险是不够的，必须寻求地方政府的财政支持。《农业保险条例》第八条规定：中央建立财政支持的大灾风险分散机制，具体由财政部制定。国家提倡地方政府建立地方财政支持的大灾风险分散机制。因此，安徽省地方政府应对大灾风险分散机制予以财政支持，以进一步增强农业保险公司抵御巨灾风险的能力。

第六章　安徽农村互联网金融发展分析

第一节　互联网金融的发展阶段与类型

互联网金融是互联网信息技术与现代金融相结合的产物。随着互联网信息技术的日益普及，互联网平台发展金融的优势愈发明显。

一、互联网金融的界定

无论是就我国目前的情况，还是就整个国际经济的运行态势而言，学者、市场人士及监管机构站在不同角度，对互联网金融都有不同的定义。那么，互联网金融到底是什么呢？

有人认为，互联网金融是一种全新的金融模式和运行结构，能提高金融运行效率，使有关金融的工作都变得方便快捷；也有人认为，互联网金融只不过是通过互联网来运行的一种技术手段，这主要是因为目前全国乃至全世界的线上金融发展还不够成熟，许多学者对其真实性和有效性仍然存在怀疑；也有人认为，互联网金融是个宽泛的概念，涵盖互联网技术和互联网精神，涵盖了从传统银行、证券、保险、交易所等金融机构，到无金融中介或市场情形之间的所有金融交易和组织形式。总体来看，互联网金融不仅仅是一个名词概念，更是一个宽泛的体系概念，可以从广义和狭义两个方面去解释。

广义上来讲，互联网金融分为两个部分，分别是“互联网”和“金融”。“互联网”部分表示具有互联网“开放、平等、协作、共享”的特征，依靠互联网这个平台而获得了很多传统模式所无法媲美的优势和动力；“金融”部分是指它与传统金融相互渗透所造就的新模式，不仅包括传统金融产品或服务的线上营销、信息中介、资金融通等，还有很多衍生出来的新产品和新服务，它提升了传统金融的水准，也在一定程度上超越了传统金融。从狭义上来看，互联网金融是与资金流通的信息化相关的概念，资金的流通只要直接或者间接地运用了互联网的技术来实现，就是互联网金融。互联网金融的狭义定义更侧重如何利用互联网信息技术来实现与金融的相互渗透。

二、互联网金融的发展阶段

根据其发展的时间和程度，我们可以将互联网金融的发展大致分为两个阶段：第一阶段是互联网金融的起源阶段，在该阶段互联网金融的主要表现形式为传统金融渗透至互联网领域；第二阶段是互联网金融蓬勃发展阶段，在该阶段其表现形式为大量的互联网企业、非传统金融企业利用互联网平台共同进行发展，促进了支付方式、融资渠道等的创新。

（一）互联网金融发展的初始阶段

20 世纪 90 年代中期，互联网金融的雏形逐渐确立。在此之前，互联网信息技术并没有真正地被运用到商业运作中来，只停留在比较浅显的阶段。随着互联网信息技术本身的不断成熟和经济大环境的改善，20 世纪 90 年代末期开始，它对传统金融业的影响逐渐显露并愈发明显。从源头上来说，互联网金融起源的主要推动者来自传统的金融机构，即银行、保险和证券公司等传统金融机构将线下业务推广到线上来进行发展的过程，如 1995 年 10 月美国的安全第一网络银行(Security First Network Bank，SFNB) 成立，标志着传统银行的服务和产品从线下向线上的转移。随后，学界又相继提出了电子金融（e-finance)、在线银行（online bank)、网络银行（network bank）等概念，这些概念与互联网金融不无关系。

中国的互联网金融发展历史比较短，进入 21 世纪之后，电子商务才逐渐流行起来。2004 年 12 月，阿里巴巴集团总裁马云创立了首家定位为电子商务支付的第三方支付公司（“支付宝”)，标志着中国互联网金融的兴起。

（二）互联网金融发展的成熟阶段

2005 年，第一家网络借贷公司 ZOPA 在英国成立，随后网络 P2P 平台迅速在世界范围内蔓延开来。这个平台发展过程是比较缓慢的，因其每笔借款的利率完全由借款人和出借人自由协定，ZOPA 不提供具体的借贷产品，平台本身也没有资金端，他们只负责提供一些信息服务。

2006 年前后，美国借鉴 ZOPA 的做法，创立了本土第一家 P2P 借贷网站——Prosper。这家网站的运作方式类似于拍卖式，借款人在提交借款申请的时候，需要将自己的个人信用评级、借款用途、可接受的利率等信息通过网站发布出去，接受条件的出借人进行出价，最后成交。

在 2008 年金融危机之前，Prosper 一直处于领头羊的位置。在其被要求整改后，领头羊的宝座被随后成立的 Lending Club 逐渐取代。Lending Club 是全球第一家上市的公司，它能占取宝座地位主要是由于以下几点：①积极应对监管。Lending Club 也曾经因为模式上的缺陷而被 SEC 叫停，但是它积极主动地配合监管方进行治理，整改的每一步都和监管层看齐，因此该公司的整改过程也被 SEC 视为整改样本；②在产品上进行差异化创新。例如，开展了二级债券市场、利率由 LC 根据借款人的信息定价而不是拍卖模式等。

ZOPA、Prosper 等公司的出现，标志着互联网金融无论从规模上、质量上、产品和服务的种类及创新性上，都进入了成熟发展的阶段。当然在此之后，一系列新旧问题也逐渐显露。

三、互联网金融的类型

从目前互联网金融的发展来看，互联网金融大致可以划分如下四类：传统金融的互联网化，基于互联网平台开展金融业务，全新的互联网金融模式，以及金融支持的互联网化。

（一）传统金融业务的互联网化

这一类互联网金融是指将传统金融机构的业务（包括产品、服务）从线下推广至线上经营，比如直营银行、在线折扣券商和直营保险等。

直营银行以没有物理营业网点为主要特点，依靠互联网、电话和ATM机等手段提供服务的银行。在线折扣券商是在20世纪70年代美国证券交易佣金自由化与互联网技术发展相结合的背景下产生的，在经历了佣金战、互联网泡沫和金融危机后，在线折扣券商强势崛起，它能让客户享受“多广快”的高端投资经验，并且凭借领先的技术创新在互联网金融的时代画卷中书写了浓墨重彩的一笔。直营保险与直营银行类似，也是没有实体营业网点，而是借助互联网、电话和其他在线模式等来直接销售保险，不过由于跨境电商问题频出，客户对于直营保险的信赖度还不够，现在多是“直营＋实体”双保险，提升客户的信赖度。

（二）基于互联网平台开展金融业务

这里所说的互联网平台包括但不局限于电子商务平台和互联网第三方支付，这类互联网金融模式主要表现为在网络平台上销售金融产品，以及基于平台上的客户信息和大数据、面向网上商户开展的小贷和面向个人开展的消费金融业务。前者的典型代表包括早期的Paypal货币市场基金和近期发展迅猛的余额宝，也包括众多金融机构在淘宝上开设的网店，以及专门销售基金等金融产品的第三方网站。后者的典型代表包括阿里小贷和京东白条，以及美国的Kabbage和Zest finance。

（三）全新的互联网金融模式

主要是指P2P网络贷款模式和众筹融资模式。在美国，P2P网络贷款的先锋是分别于2006年和2007年成立的Prosper和Lending Club。这两个网络贷款平台开启了基于互联网的、个人对个人的贷款时代。简单地说，P2P网贷就是有资金并且有理财投资想法的个人，通过中介机构牵线搭桥，使用信用贷款的方式将资金贷给其他有借款需求的人。它的特点是直接透明、信用甄别、风险分散、门槛低、渠道成本低。不过也有很多非法事件发生在P2P网络贷款中，比如，一些网贷平台不负责任，只追求自身的利益而不对借贷信息进行查证和监督，导致一些不合格的借款者在平台上发布信息，然后将所筹集到的资金用于股票、基金，以及实业投资等项目，造成了非法集资的风险。再比如，“秒标”现象的存在，平台在吸引了新的投资者获得资金后，再用这部分资金去偿付旧账本息，营造出赚钱的假象，也就是通常所说的“庞氏骗局”。

众筹融资也是目前比较常见的一种模式，是指用“团购＋预购”的形式，向网友募集项目资金的模式，相对于传统的融资方式，众筹更为开放，能否获得资金也不再是由项目的商业价值作为唯一标准。只要是网友喜欢的项目，都可以通过众筹方式获得项目启动的第一笔资金，为更多小本经营或创作的人提供了无限的可能。比如“人人投”就是一个专注实体店铺股权众筹的网络平台。在人人投，对于好的项目，专业的人人投运营团队和推广团队为项目融资的同时，进行包装和推广。而对于投资人，人人投项目主要针对的是身边的店铺，店铺开业时间久，生意比较火爆，有一定的客户源和知名度，而开分店的资金，项目方也必须要出资，投资人与项目方共同承担风险。同时，人人投与第三方支付平台合作，进行项目融资资金的托管。

（四）金融支持的互联网化

前三类互联网金融模式在本质上都属于金融业务，也都需要监管。而金融支持的互联网化不属于金融业务，它们起到了为金融业务提供“支持”的功能，主要性质是属于互联网活动。具体包括：金融业务和产品的搜索，比如美国的 Bankrate 和我国的融 360；家庭理财服务，比如美国的 Mint、Personal capital 和我国的挖财网；理财教育服务，比如美国的 Learnvest、Daily worth 和我国的家财网；金融社交平台，比如美国的 eToro、Seeking alpha 等。相信随着互联网金融大格局的逐步成熟，金融支持的互联网化这一类活动会有更广阔的发展前景。

第二节　互联网金融与普惠金融

一、普惠金融与金融排斥

对于普惠金融一词的界定和理解，尽管许多的机构以及学者都对其进行多样的表述和研究，但其本质都是相同的。普惠金融也被称为包容性金融，最早由世界银行在 2005 年宣传国际小额信贷年时提出，旨在为那些被排除在传统金融体系之外的个人或组织（贫困、低收入人口和小微企业）提供足够的金融服务产品和渠道。中国的学者代表焦瑾璞最早在 2005 年就开始研究该方面的内容，并提出更现实的普惠金融不仅要强调包容性，还要强调可持续性，要以商业可持续的方式为包括弱势经济群体在内的全体社会成员，提供多功能、全方位的金融服务。在中国特殊的国情下，农村是弱势经济群体的典型代表，这也是我们应重点关注这类特定目标客户的原因所在。郭兴平（2010）调研认为电子化金融服务渠道创新是建立普惠型农村金融体系的突破口，此外高建平和曹占涛（2014）也认为互联网金融的发展使得传统金融机构有向金融服务薄弱领域挺进的压力和动力，从而也间接推动了普惠金融的发展。

了解金融普惠之后，这里相应地要提出金融排斥的概念，金融排斥是一种更加宏观的金融歧视，是指社会中的某些弱势经济群体依靠自己的力量很难进入金融体系，很难以合理平等的方式获得所需的金融服务。金融排斥的水平可以间接说明某地的金融普惠发展水平，金融排斥程度越高，普惠金融发展水平就越低，它可以帮助我们更好地了解和分析农村金融发展中所普遍存在的金融不公平、金融歧视等问题。而造成金融排斥最主要的因素之一就是地理可及性障碍，这也可以从很大程度上说明为何农村的金融排斥现象尤为突出。为了克服地理可及性障碍，促进金融普惠的程度，就有必要学习和借鉴互联网技术的思维，用互联网技术来发展金融业务来克服这些空间障碍。

普惠金融在大多数发展中国家已经成为帮扶贫困群体、解决低收入人群特别是农民融资困难的一种有效金融体制建设，有利于帮助穷人把握经营机会、改善收入分配、降低社会矛盾、带动经济增长。普惠金融的核心是能有效、全方位地为社会所有阶层和群体提供服务。相比于传统金融体系来讲，服务的深度和广度都大幅提升，服务的客户群体明显拓宽，低收入人群和小微企业数量众多，单一客户获利金额较低，这都决定了普惠金融不能再采用传统金融模式下的高成本金融服务策略。

二、互联网金融有助于促进普惠金融的发展

随着“互联网+”时代的到来，普惠金融离社会大众越来越近，人们参与金融服务的门槛迅速降低，互联网金融平台将普惠金融推向一个前所未有的高度。

（一）互联网金融能够解决信息不对称问题

互联网技术已经融入社会生产与生活的各个方面，互联网信息已经构建成当今世界上最大的数据库，有效利用这些信息并加以甄别分析，可极大地减少操作成本。例如小微企业和低收入人群缺乏有效的抵质押物，信用记录较少，还款来源稳定性甄别较难，如采用传统商业银行逐一入户调查的方式，成本非常高。而互联网银行则可利用客户交易记录、商户信用评价、回款周期等线上信息进行大数据信用评级发放贷款。银行既无营业网点，又无营业柜台，更无须财产担保，极大地降低了交易成本。

首先，互联网金融的优势在于它可以将海量的金融信息集中起来，并且将复杂的信息应用于不同的研究方向，因此对于提升落后地区，比如农村的社会和经济发展是非常重要的一种手段。其次，它对于农村居民的信息传播和文化提升也是益处颇多。自互联网等信息通信技术被引入金融业以来，从业务辅助到金融业再造，它为交易工具和交易方式的创新提供了一种崭新的渠道，在促进金融机构、金融市场变革的同时，也可能会在一定程度上颠覆现有的金融模式，简单以移动运营商主导的手机银行来说，就很好地满足了金融包容和信息处理的需要。

（二）金融脱媒有助于实现金融资源的有效配置

互联网金融是金融脱媒的主要形式，互联网技术与金融服务的结合使得金融中介的作用不断弱化，金融脱媒日益成为普遍现象。从金融覆盖率、信用环境、信息不对称问题和交易成本等角度分析，互联网金融模式对解决农村金融的固有问题有很大的帮助。另外，互联网的开放、共享等特征有利于整合碎片化的需求并形成规模优势，再加

上互联网金融借助于操作流程的网络化与标准化，降低了金融交易的专业化程度，业务处理速度快，边际成本低。

尽管互联网金融及普惠金融在国内尚未有统一的理解，但现有研究普遍认为互联网金融的出现使金融服务效率得到了大幅提升，为小微企业和个人提供了便利，有力地推动了实体经济的模式创新与运行效率，有利于普惠金融的实现。早期甚至有学者提出过“电子乌托邦”的观点，认为互联网可以将农业新资源和技术的应用发挥到最大化，虽然互联网金融达不到这种完美的程度，但我们应认真审视互联网金融能够给中国农村带来的真正价值。

（三）可以利用新兴技术扩大金融服务的覆盖范围

普惠金融要求覆盖全部地区的所有客户，不应因地处偏远地区而被排除在金融服务之外。传统金融多数依附于网点的柜台服务，在偏远区域（尤其是县域、农村地区）时常没有金融网点布局，客户几乎难以享受到金融服务，或者需要付出高额成本。现在互联网金融所依托的是7×24小时覆盖全球的电子信号，可以突破空间的瓶颈，覆盖到因偏僻分散而难以获得金融服务的弱势群体。截至2015年12月，中国农村网民规模达1.95亿，增长率为9.5%，高于城镇网民增长幅度4.7个百分点，网民中农村网民占比28.4%，较去年上升了0.9个百分点。互联网在农村地区普及速度较快，这就为网络理财、线上贷款等互联网金融提供了新的市场空间和发展机遇。

从农村金融服务的覆盖度来思考，农村普惠金融的实现前提就是必须坚持以金融服务全覆盖为原则，而互联网金融作为一种更普惠、更为民主的金融制度安排，有助于扩大农村的金融边界，提高金融包容性水平。学界将互联网金融这种能服务众多在之前不为传统金融所包容的群体的现象概括为“长尾”特征。

（四）可以借助多元化为手段丰富金融参与主体

目前，第三方支付、移动支付等方式有效地补充了传统支付所无法涉猎的地方，网络基金类产品、线上贷款等服务也对商业银行传统存贷款业务发起了挑战。面对这种挑战，一方面传统商业银行将在手机银行、网络银行、微银行等方面不断完善和创新；另一方面，社区银行、村镇银行、各类小额信贷机构、小微金融投资机构和较为成熟的创新型互联网金融企业也将日益发挥重要的作用。随着参与主体的逐渐增加，电商介入模式、互联网企业介入模式、银行结算的第三方支付模式、P2P 模式、众筹模式等都将在普惠金融中占据一席之地，这将会进一步扩大普惠金融服务覆盖面。

从农业价值链融资的角度来思考，目前我国的农业产业化比例不足 20%，间接反映出不少企业和客户之间松散的联系，以及持久有效的联结机制的匮乏。而互联网金融为农业价值链融资提供了一种全新的模式，或许可以对该问题的解决有帮助。虽然许多企业和农户对互联网金融的本质的认知和了解相对不足，但只要不断加强信贷制度和产品设计的灵活性，通过该渠道就可以有效提升农业价值链的竞争力，解决农村企业和农户所面临的融资难困境。

三、互联网金融促进农村金融普惠的国际经验借鉴

国内外已经有了很多将农村经济与互联网金融相联接的实践与尝试，除了中国农村各地区的各种“互联网+”计划，外国的实践也不少。大的像美国的富国银行，小的如孟加拉的乡村银行、玻利维亚的小信贷体系都在践行普惠金融。尤其在很多亚洲地区，大部分人所能获得的金融服务是非常匮乏的，但是一些互联网金融项目明显地改善了金融的供给。

（一）肯尼亚的移动银行服务 M-PESA

这项服务可以通过手机短消息便捷地支付、转账、兑现等。而且，M-PESA 没有放弃偏远和贫穷人群，而是把他们当作主要的用户。这项服务由 Safaricom 和沃达丰研发，并于 2007 年推出。这项服务并非只能在城市或大型商业机构使用，到 2010 年已有超过 50% 的肯尼亚人使用这项服务。也就是说，偏远地区的农民也可以通过 M-PESA 就农产品价格讨价还价，并最终使用自己的诺基亚手机完成交易；当地的游牧民族马萨伊人可以使用自己的手机进行家畜交易，然后购买生活必需品带回家。

对于生活在偏远地区的人们，M-PESA 服务意味着他们不必带着

大量的现金去市场或城镇交易，这样就不必冒着被劫或被盗的危险。对于那些没有固定住址或银行账户的人们，这项服务可以使他们把自己持有的任意一种现金充入 M-Pesa 账户，获得移动支付额度，并进行支付、转账或存款，进而从一个经济体内的被排斥者成为参与者。对于移民来说，M-PESA 服务可以使他们以安全、简单的方式把钱转给家人或村民。Safaricom 的国际转账服务使用了类似的系统，可以进行便捷的国际汇款和支付。对于肯尼亚企业来说，M-PESA 服务意味着支付货款或维修款可以即时完成，不必依赖效率低下的银行或存在缺陷的基础系统。

M PESA 的成功使得其他国家也开始效仿。非洲最大的移动运营商 MTN 已经在其他地区推出了计划，尤其是肯尼亚的邻国乌干达。巴西等国的中央银行已经成立了金融小组，希望用同样的系统将金融系统带给贫穷和偏远地区的人们。印度政府也表达了实现这一点的目标，而分析师预计，通过其强大的 IT 架构和密集的人口，印度同样可以在不久的未来实现轻现金的金融经济环境。还有巴拉圭的 Tigo，以及泰国的 True Move 等。

（二）孟加拉的乡村“格莱珉银行”

孟加拉乡村银行最早起源于孟加拉国。1974 年，穆罕默德·尤努斯在孟加拉创立小额贷款。1983 年，正式成立孟加拉乡村银行——格莱珉银行。孟加拉乡村银行模式是一种利用社会压力和连带责任而建立起来的组织形式，是当今世界规模最大、效益最好、运作最成功的小额贷款金融机构，在国际上被大多数发展中国家模仿或借鉴。2006 年 10 月，尤努斯因其成功创办孟加拉乡村银行，荣获诺贝尔和平奖。它作为一种成熟的扶贫金融模式，主要特点为：瞄准最贫困的农户，并以贫困家庭中的妇女作为主要目标客户；提供小额短期贷款，按周期还款，整贷零还，这是模式的关键；无须抵押和担保人，以五人小组联保代替担保，相互监督，形成内部约束机制；按照一定比例的贷款额收取小组基金和强制储蓄作为风险基金；执行小组会议和中心会议制度，检查项目落实和资金使用情况，办理放、还、存款手续，同时还交流致富信息，传播科技知识，提高贷款人的经营和发展能力。

它向贫穷的农村妇女提供担保面额较小的贷款（即微型贷款），作为非政府组织（NGO）支持其生活。此系统是基于一个观点，即贫穷的人都有未开发的技术。银行同时也接受存款和其他服务，也进行发展导向的经营，包括纺织品、电信和能源公司。1983 年，其作为银行得到了政府的认可。

格莱珉银行，是互联网助力农村金融普惠的一个典型代表，很多人称其为典型的“穷人银行”，低收入群体可以借助市场的分工合作体系所形成的适当的金融服务，摆脱贫穷，它打破了金融业“嫌贫爱富”的一贯定律。根据资料显示，截至 2014 年 4 月，该行共有 2567 家分行，全部配备电子会计系统和管理信息系统。这些例证为我们更好地研究农村互联网金融的发展提供了帮助和借鉴。

第三节 安徽农村互联网金融发展现状

目前，我省一线城市是各类互联网金融平台的主战场，行业竞争十分激烈。形成鲜明对比的是，农村互联网金融还处于起步阶段，但呈现快速发展的趋势。对于以 P2P 为代表的互联网金融行业来说，深入农村的意义既是为了自身持续发展，也在一定程度上补充了农村金融服务体系的空白。随着现行经济形势下行压力的加大，实体经济特别是小微企业、“三农”融资难、融资贵等问题仍然较为突出。伴随着智能手机以及移动互联网技术的日臻完善，为互联网金融向农村渗透提供了物理基础，互联网金融的主要优势在于依托整个大数据平台，充分利用“长尾效应”等新型商业和经济模式，将主要服务对象定位为小微企业和中小型贷款者，通过强大的金融资源可获得性、资源配置的有效性、交易信息的对称性等特点充分降低了交易成本，并利用网络平台进行线上交易，突破了线下交易的时间和空间限制，弥补了农村地区传统金融基础设施薄弱的不足，并且能更为有效地筹集社会闲散资金并加以充分利用，有助于我省经济金融欠发达的农村地区营造一个健康可持续发展的金融生态环境。

一、农村地区信息化正在加快

我省农村信息化工作启动较早，2000 年，我省在全国率先实施“信息入乡”工程，2003 年省政府启动实施“数字安徽”建设，2008 年安徽省被科技部批准为全国首批星火科技 12396 信息服务试点省，2009 年省政府积极组织申报全国新农村信息化科技示范省，2012 年国家三部门联合批复安徽等五省开展国家农村信息化示范省建设试点工作，为服务“三农”等方面发挥了良好作用。随着农村地区互联网普及工作力度的加大，农村地区网民规模和互联网普及率在不断增长，城乡互联网普及率差异也在逐步缩减。据相关统计报告显示，截至 2015 年底，我国农村网民规模达 1.95 亿，比 2014 年增加约 900 万人，占网民总数的 28.4%，年增长率约为 9.5%，增速明显高于城镇网民，如图 6-1 所示。

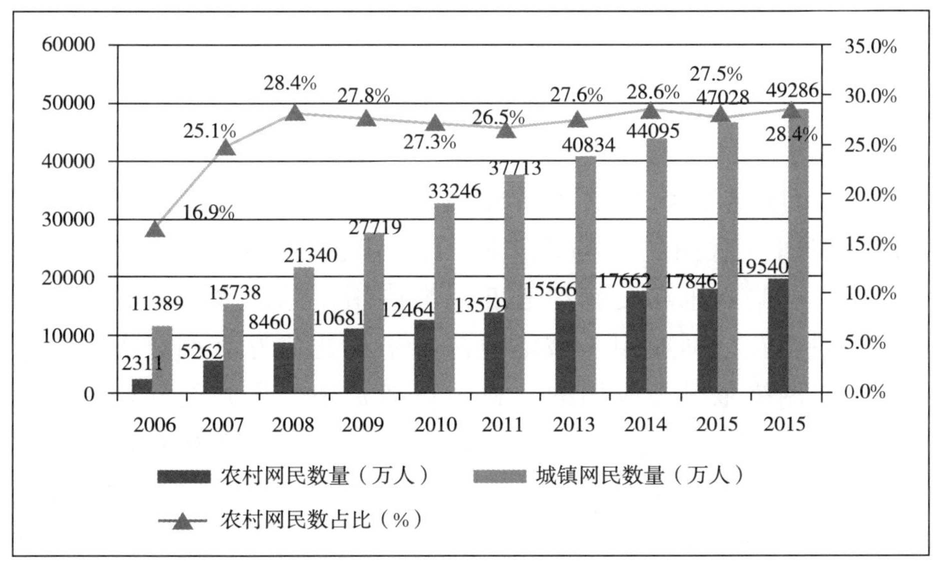

图 6-1 2005—2013 年城镇和农村网民规模对比

数据来源：2016 农村互联网金融报告。

图 6-2 给出了 2014—2015 年农村网民上网设备的对比情况，随着农村居民收入的增长，农村地区上网费用的下调以及智能手机的普及，农村手机网民用户规模也得到大幅度增长，相比于 PC 端，移动

端的农村网民增速更加迅猛，截至 2015 年底，农村网民中使用手机上网的规模为 1.70 亿，占比 87.1%，相比 2014 年增加 2391 万人，年增长率约为 5.2%。

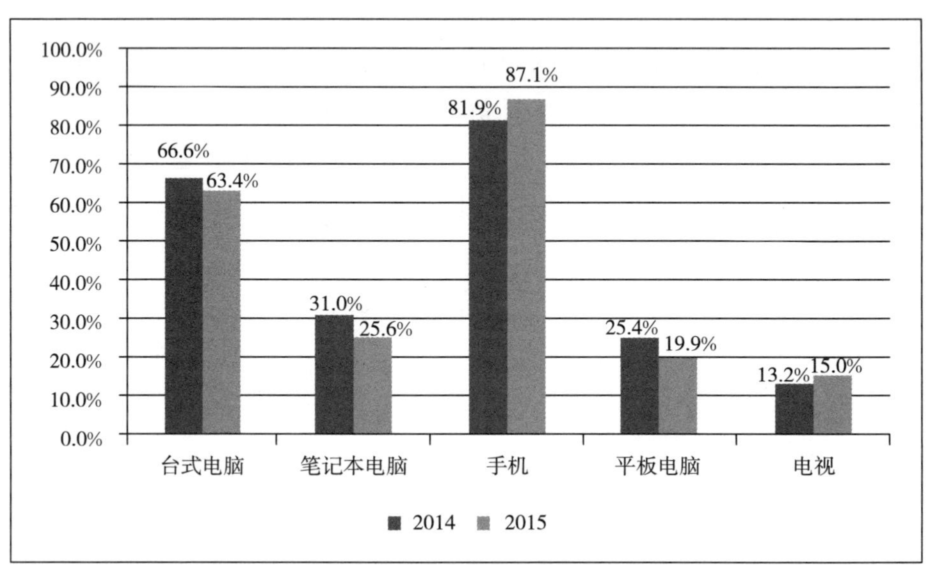

图 6－2　2014—2015 年农村网民上网设备对比

数据来源：2016 农村互联网金融报告。

表 6－1 反映了 2014—2015 年农村网民各类互联网应用使用率，根据网民使用互联网的目的将互联网应用分为信息获取、商务交易、网络金融、网络娱乐和交流沟通五大类应用，总体来说，农村地区经常使用的各类互联网应用与城镇地区水平相比仍存在明显差异。值得注意的是，网络金融类应用的农村用户增长率位居各类互联网应用的首位，其中，网上支付类应用在农村地区更是飞速发展，使用率从 2014 年的 35.2% 增至 2015 年的 47.7%，全年用户规模增长率达 48.5%；网上银行类应用也正快速发展，使用率从 2014 年的 31.9% 增至 2015 年的 36.6%，全年用户规模增长率达 25.6%；而 2015 年网上炒股类应用在农村地区的使用率也有 4.4%，这说明此类互联网理财的应用正在向农村地区渗透，农户的理财意识正日益增强，再加上农村地区信息化的不断加快，互联网金融对接农村的发展具有十分广阔的前景。

表 6-1 2014—2015 年农村网民各类互联网应用使用率

应用类别	应 用	2014 年		2015 年		用户规模增长率
		使用率	用户规模（万）	使用率	用户规模（万）	
信息获取类	网络新闻	74.2%	13247	77.8%	15196	14.7%
	搜索引擎	72.8%	12987	77.7%	15187	14.9%
交流沟通类	即时通信	87.2%	15558	88.2%	17243	10.8%
	微博	29.9%	5333	25.4%	4969	−6.8%
	电子邮件	29.0%	5184	25.5%	4988	−3.89%
	论坛/BBS	14.8%	2635	11.4%	2228	−15.4%
网络娱乐类	网络音乐	69.7%	12444	68.3%	13352	7.3%
	网络游戏	54.2%	9637	53.5%	10458	8.5%
	网络视频	60.9%	10875	66.9%	13078	20.3%
	网络文学	40.7%	7261%	37.6%	7354	1.3%
商务交易类	网络购物	43.2%	7714	47.3%	9239	19.8%
	团购	16.3%	2914	15.6%	3049	4.6%
	旅行预订	22.6%	4028	24.0%	4687	16.4%
网络金融类	网上支付	35.2%	6276	47.7%	9320	48.5%
	网上银行	31.9%	5700	36.6%	7161	25.6%
	网上炒股	—	—	4.4%	851	—

数据来源：《2016 农村互联网金融报告》。

二、农村互联网金融依托电子商务发展

农村电商用户数量近年来呈爆发式增长，为农村电子商务大发展奠定了基础。截至 2016 年 9 月 1 日，京东在全国建立特产馆 376 家，分布在 7 个大区共 32 个省及直辖市。超过 60 个贫困县在京东建立地方特色馆，上线单品超过 1 万个，每月销售额超过 2000 万元。一些地方的淘宝村、淘宝镇发展迅速，造就了电子商务产业集聚，形成了电商模式下的供应链金融新需求，并将进一步对支付结算、账户管理以及风险控制都提出新要求，从而推动了农村互联网金融的发展。

（一）京东借助农村信贷进军农村互联网金融

京东电商对广大的农村市场可谓有着极大的野心，京东电商能否实现超越阿里电商，其胜负关键很大一部分就在于农村电商。就在前不久，京东金融刚刚宣布了全面进军农村信贷市场，并推出了信贷品牌“京农贷”。

过去在农村市场，农民最大的难题就在于融资与信贷，而“京农贷”具有无抵押、低利息、放款快等特点。大家都知道，京东进军农村电商市场最大的优势在于物流，但是在如何培养农民的电商消费习惯上，从京东眼下的布局来看，同样也是想借助信贷消费来进入农村电商领域。大部分的农民对于网上支付多少还存在一定的不信任，操作上就更是一窍不通了，但是“京农贷”相对于传统银行的贷款来说，具有极大的优势，对农民具有巨大的吸引力。此次通过借助信贷，京东能够培养农民熟练掌握互联网以及移动互联网终端的使用，包括网上支付系统。

在信贷的基础之上，未来京东还会推出消费金融、保险、理财、众筹等系列金融布局，这个时候已经在京东信贷平台贷过款的用户通过京东乡村白条进行电商消费就会变得相当自然。

（二）阿里金融通过蚂蚁金服在农村全面布局

相比京东而言，阿里在物流上的布局同样也不弱，一方面与中国邮政达成了战略合作，另一方面借助菜鸟网络，通过日日顺等合作伙伴，菜鸟的大家电配送网络实现全国 95%的区县覆盖，共计 50 万个村子可送货入村。而农村网络基础设施的建设也正在不断完善，更何况智能手机在农村地区的普及度已经非常高。也就是说，阿里农村电商的难点同样也在于如何培养农民的网购消费习惯上，消费性金融自然而然就成为阿里农村电商重要的突破口。在移动互联网时代，支付宝已经成为阿里电商和 O2O 的重要战略平台，基于余额宝、招财宝等理财产品，农村支付宝理财用户通过支付宝进行电商消费的可能性非常大。不可否认的是，互联网金融相较于落后地传统农村金融具有绝对的优势，完全可以培养农民的网上理财、信贷习惯，进而培养农民的金融消费习惯，消费金融必然会成为农村电商发展的未来趋势，成为撬动农村互联网金融向前发展的新杠杆。

（三）安徽省现有电商模式

就安徽省农业发展现状来看，目前存在的电子商务模式按运营主体不同可分为以下几点。

1. 农业信息化服务型

它主要由政府建立，不以盈利为目的。具体可以分为采用信息化手段为农业提供服务和提供农业信息两种形式。比如安徽农业信息网、安徽农网、合肥粮食网等，通过信息服务的提供，帮助农户和农业企业解决交易过程中信息不对称的难题，使农户和企业及时了解市场行情、科普信息、政策法规、农业气象等与农业生产、经营、销售有着密切关系的各类信息。

2. 企业自建型

企业自建型是指由农业企业建立，用以发布本企业供求信息，吸引合作伙伴，比如安徽金桥农业网、合肥丰乐种业有限公司。通过自建网站，实现企业自身的宣传、产品的营销、招商引资以及客户服务。

3. 交易中介型

网站的运营主体本身并不参与交易活动，而是建立一个平台，提供给不同的企业、农户，让他们有一个沟通的平台，实现供求信息的发布，促成农产品交易，例如安徽农民专业合作社网。

4. 行业联盟

具有代表性的知名企业为经营主体，以行业为核心的网络平台，在电子商务经营上则紧密结合，互相依存，利用联盟优势，带动行业共同发展，例如安徽三农行业联盟下的安徽粮油网。

总的来说，安徽农业电子商务模式较少，其网站提供的服务也较为有限，仅仅以提供信息服务为主，尚不能很好地实现电商交易。

三、四类金融市场主体开拓农村互联网金融市场

（一）以村村乐、大北农、新希望、金桥农业为代表的“三农”服务商开拓农村互联网金融市场

“三农”服务商在农业产业领域深耕多年，积累了丰富的用户数据

和客户资源，凭借客户信用数据的累积优势，正借助互联网平台迅速进入农村金融服务商行列，这类金融市场主体更多地参与到现有的农村产业机构升级所营造的产业链条中去，以供应链金融的方式切入农村金融市场。如：大北农集团提供的农村互联网金融产品中，农银贷为银行放贷提供信用数据，农富贷直接为生产者与经销商提供小额贷款，扶持金提供赊销服务，农富宝提供理财服务；基于自有的大数据资源提供农村金融解决方案，不仅服务了客户，而且还延伸产业链服务。

表 6－2　三农服务商运作模式

代表企业	主营业务	农村互联网金融产品	产品性质	优　势
村村乐	三农综合服务	“村村贷”“村村融”	信贷/保险/理财	大数据/30 万网络村官
大北农	饲料、种子生产销售	“农银贷”“农富贷”“农富宝”“扶持金”	信贷/理财/融资、租赁/赊销	大数据/15 万线下业务人员
新希望	饲料、种子、渔药、农化	“惠农贷”“应收贷”	P2P 平台/理财/保险/担保	大数据/30 多年的产业积淀

例如：安徽金桥农业发展有限公司是一家集科研、生产、销售于一体的集团公司，下辖种子、棉花、粮食、化肥、农业科技研发五个分公司。业务范围包括粮种等农作物良种繁育、生产、加工、销售；棉花收购、加工、销售；粮食购销、存储；化肥农药生产、购销；农业科技研发等。金桥农业通过建设农村电商交易平台，有助于增强企业竞争力，通过网络系统的建设，使得企业增加与客户沟通的渠道，降低企业的营销成本，提高企业的生产经营效率；有助于供应链从传统渠道向虚拟渠道延伸，有利于更好地整合供应链，实现企业与上游供应商及下游分销商之间的紧密合作；有利于扩大市场，互联网是没有地域限制的，通过建立网站，可以帮助企业更好地赢得省内、国内甚至国际市场。

（二）以阿里、京东、一亩田、云农场为代表的电商平台开拓农村互联网金融市场

大型电商平台积累了消费者的购买数据，收集了销售者和供应商的信用数据，数据已成为电商平台进入金融行业最大的优势。以阿里巴巴集团为例，蚂蚁金服将淘宝和天猫平台上的各类交易数据转化为客户的信用数据，并为每一个注册用户计算出“芝麻信用分”，再将芝麻信用分与信贷额度相挂钩，从而发展成高效的电商平台互联网金融模式，这种模式在农村互联网金融中同样适用。除了综合性电商平台外，以“云农场”为代表的农业细分领域电商平台与农村金融机构寻求合作，由农村金融机构为平台担保的客户提供线下信贷支持，并监管贷款流向以使其有效用于农业生产，电商平台则在线上提供授信考察依据等其他相关金融服务。

表 6-3 电商平台运作模式

代表企业	主营业务	农村互联网金融产品	产品性质	优势
阿里巴巴/蚂蚁金服	B2C/C2C 电子商务	支付宝、蚂蚁借呗	支付/理财/信贷/保险	大数据/村级服务站
京东商城	B2C 电子商务	京东白条	购物/消费/信贷	大数据/物流体系
一亩田	B2B 电子商务	农易贷	信贷	大数据/线下门店
云农场	B2C 电子商务	云农宝	信贷	大数据/村镇服务站

另外，2014 年底，财政部决定在安徽开展电商进农村综合示范工作，绩溪、芜湖、霍山等 7 个县成为首批示范县。2015 年，安徽省庐江县以创新为动力，建设了一站式全流程、线上线下融合的电商产业园，旨在打造区域优秀互联网产业园示范基地。同年 7 月，明光、舒城、岳西等 8 个县又被确定为 2015 年示范县，促进了电商扶贫与双创工作相结合。

（三）以德众金融、翼龙贷、宜信为代表的 P2P 平台开拓农村互联网金融市场

P2P 网贷平台通过互联网将资金需求端与资金供给端实现有效对接，是实现普惠金融的一个有效手段，其更加关注低端客户，而我省

最庞大的低端客户群无疑是来自广大的农村地区，因此这也是大量的P2P平台以农村居民为主要服务群体的重要原因。据网贷之家的统计资料显示，截至2015年9月底，安徽省网贷运营平台总数59家，在全国居第9位。据《2016年9月份安徽P2P网贷指数快报》显示，2016年9月全国P2P网贷成交额2088.73亿元，环比上升1.16%，其中，9月份安徽省P2P网贷成交额18.64亿元，全国排名第七；利率9.52%，全国排名第十；期限4.38个月，全国排名第十七；贷款余额77.22亿元，全国第九。P2P平台成交额最多的前三名的平台是：e惠农商、好车贷、徽盐金融，平台发展规模总体处于中游水平。这些P2P平台通过构建农村金融服务生态圈，结合互联网、信息技术手段和农业实体产业链条的综合优势，为众多上下游配套企业和农户设计P2P产品，提供服务创新。目前专注农村供应链金融比较具有代表性的P2P平台就是惠农聚宝，他们采取的是和各地的农业合作社还有知名的农资企业合作。切入他们的生产链条，围绕他们的上下游提供金融服务，金融服务场景化。这也是目前整个农村金融市场最适合商业化的金融细分市场。特别是德众金融这样具有“国资+上市”双重背景的P2P平台，作为安徽省供销社旗下的互联网金融平台，德众金融致力于服务地方实体经济、服务三农，凭借其优质的资产来源、稳定的细分市场和规范透明化运营，结合国家政策导向，将金融服务与农业供应链对接，使互联网金融服务实体经济，特别是满足农村中小企业的需求。

表6-4 P2P平台运作模式

代表企业	主营业务	农村互联网金融产品	产品性质	优　势
宜信	P2P网贷	“宜农贷”“农商贷”“宜信租赁”	信贷/融资租赁	大数据/线下团队
开鑫贷	P2P网贷	“惠农贷”	信贷	国有背景
翼龙贷	P2P网贷	三农小额信贷	信贷	联想控股/千家加盟商

（四）以农信社、农行、邮储银行为代表的传统金融机构正积极开展农村互联网金融服务

面对互联网金融平台的严峻挑战，这类传统金融机构已开始重视运用互联网手段和技术重塑农村金融业务，纷纷加大对农村互联网金融的投入，响应国家政策号召，全力推进农村互联网金融发展。各金融机构采取的措施大体如下：

（1）运用第三方支付技术，通过拉卡拉等为村民提供日常生活所需的金融服务，比如电费、水费缴纳，手机充值，社保缴纳，机票火车票购买等服务；

（2）利用自动化设备、远程通信技术等设立农村服务站，每个站配置 1～2 名工作人员，借助服务站一方面能够宣传金融理财方面的知识，另一方面为农村居民办理日常的基金、储蓄等业务；

（3）推出网上金融店，将线上线下有力结合起来，农民实现网上业务申请、自助缴费、购买机票、网上购物等，为农村居民提供更为便捷的金融服务。

例如中国农业银行推出的助农取款服务采用类似 O2O 的业务模式，坚持“平等自愿、风险可控”的原则，采取村委会推荐、乡镇政府优选、银行实地考察确认等方式，选择信誉良好、经营规范、具备固定场所的农家小超市、农资店、村委会等作为助农取款服务点，利用电话线和相对简单的机具，布放“智付通”（转账电话），为农村居民提供小额取现服务。

安徽农信社利用“互联网＋”概念创新发展途径。农村地区群众观念的进步，计算机网络的普及，为农信社打造的“安徽农金”电子银行业务的发展提供了广阔的前景。2010 年底，安徽全省 40 多家县联社和村镇银行的网上银行正式开通，全省广大农民从此拥有了自己的网上银行，这是一个阶段性的里程碑。

四、互联网金融政策向服务“三农”倾斜

为更好地服务“三农”以及中小微企业的发展，安徽省各级政府也加大政策扶持力度，大力发展农村互联网金融，支持本地实体经济、

服务实体经济，并鼓励金融机构在农村地区发展移动金融服务，解决农村金融服务网点覆盖面不足的问题。2015年9月20日，省政府出台了《安徽省人民政府关于金融支持服务实体经济发展的意见》（以下简称《意见》），总体目标是增加服务主体、拓宽融资渠道、优化融资结构、提高融资效率，疏通金融进入实体经济的管道，促使金融资源向小微企业和“三农”倾斜，发挥金融在稳增长中的重要支撑作用。《意见》从金融资源聚集和配置等不同侧面提出了具体明确的政策要求，通过丰富金融服务主体、规范发展农村合作金融、加强融资担保体系建设、优化县域金融机构网点布局、推动农村基础金融服务全覆盖、加大金融扶贫力度，重点推进安徽省农村普惠金融体系的构建，引导加大对“三农”和小微企业资金的投放。

为有力有序有效推进我省“互联网+”现代农业行动，利用互联网提升农业生产、经营、管理和服务水平，促进互联网与农业融合发展，开拓现代农业发展新模式，2016年9月29日，省政府又制定并出台了《安徽省“互联网+”现代农业行动实施方案》，通过推动大田物联网区域工程升级、加强农业物联网技术和应用模式创新、培育本土化农业电子商务综合平台、构建农产品质量安全追溯体系、建设省级农业农村大数据中心等具体措施，以推进三农信息化、农业物联网、农业电子商务、农业大数据工程以及农业综合信息服务体系建设等重要目标的实现。

另一方面，2016年11月9日，安徽省互联网金融协会正式挂牌成立。安徽省互联网金融协会的72家会员中来自银行机构的有24家，来自证券、期货公司的有7家，来自保险公司的有3家，支付机构有8家，网贷平台有13家，来自其他类金融机构及研究、服务机构的有17家，其中德众金融是副会长单位中唯一的网贷平台。协会成立后将加强对互联网金融企业的管理和监督，促进行业信息披露，加强数据统计与分析，引导企业依法合规运营。同时，协会还将搭建互联网金融企业与实体经济的沟通平台，加强行业正面宣传；开展人才、技术培训等服务，促进行业健康发展。安徽省互联网金融协会是目前省内最高级别的互联网金融协会，一定程度上反映出了政府及监管层对互联网金融行业未来发展的重视与期待，在未来现代金融监管体系逐步完善的过程中，互联网金融将成为不可或缺的重要组成。

五、实地调研情况统计分析

安徽是农业大省，农村金融服务需求旺盛，但是在一些偏远、贫困农村地区金融服务不足的问题长期存在。为调查安徽省农村互联网金融的发展现状及其影响因素，我们对安徽省部分农村地区的农户对互联网金融的了解和需求情况进行了问卷调查。本次调研使用横断面式问卷调查，抽样总体是部分农村地区的普通农户，调查范围主要包括凤阳县、利辛县、定远县、金寨县等在内的 30 个县（区）所辖范围的农村，采用的抽样方法是分层抽样和简单随机抽样相结合，即先根据总体中个体的某个具体特征，将总体中的个体分为若干群体，然后对各个群内的个体进行简单随机抽样，以保证收回的数据能更好地反映安徽省不同地区农村互联网金融的发展现状。该次调查还收集了调查地区样本农户家庭的基本情况、生产、生活及信贷行为等多方面的信息，通过与农户面对面交谈，全面详细地了解到农村地区对互联网金融的了解和需求的真实状况。本次调研共发放问卷 300 份，剔除无效和异常样本，最终回收有效问卷数量为 272 份，有效率为 90.6%。调查地区受访农户家庭基本情况见表 6－5 所列。

表 6－5　样本地区农户家庭基本情况

项　目	选　项	户　数	所占比例
户主文化水平	小学及以下	44	16.2%
	初中	96	35.3%
	高中或中专	69	25.4%
	大专及以上	63	23.1%
户主年龄	30 岁以下	24	8.8%
	30～40 岁	38	14%
	40～50 岁	109	40%
	50 岁以上	101	37.2%

（续表）

项　目	选　项	户　数	所占比例
农户目前身份	普通村民	171	62.9%
	村干部	21	7.7%
	个体户或企业主	80	29.4%
家庭年收入与同村其他人对比状况	很低	17	6.3%
	比较低	65	23.9%
	一般	148	54.4%
	较高	35	12.9%
	很高	7	2.5%

从表 6－5 的统计数据来看，被调查的农户受教育程度普遍在初中以上，小学及以下的农户样本数占比仅为 16.2%，户主年龄主要集中在 40 岁以上，其中年龄最小的仅为 19 岁，年龄最大的为 80 岁，被调查的农户大多为普通村民，也有部分是个体户或企业主，从事非农生产，说明我省的农村生产正趋向多元化。在被调查的农户回答“家庭年收入与同村其他人对比状况”时，有超过 30%的农户认为其家庭年收入低于同村其他人，仅有 15.4%的农户认为其家庭年收入高于同村其他人，大部分农户家庭年收入处在同村中等水平。通过调查我们了解到大多数农户的家庭收入来源主要是依靠外出务工或在家务农，收入来源渠道单一，收入的增长动力不足，且无法保障其收入的稳定性，加之部分贫困农村地区农户收入水平普遍偏低，外出务工和在家务农收入仅能维持家庭日常开支、子女教育和医疗费用等支出，导致家庭储蓄相对较少，因而很容易产生借贷需求。在农村地区传统金融服务的供给普遍缺乏的情况下，部分有借贷需求的农户无法通过传统正规金融渠道获取信贷服务，而农村地区信息化基础设施的逐渐完善，使得互联网金融成为缓解这类问题的一剂“良药”。

为较为详尽地分析安徽省农村互联网金融发展现状，我们进一步对样本地区农村互联网金融的供给和需求情况以及农户对互联网金融的了解程度和参与程度进行了分项统计，具体结果见表6-6所列。

表6-6　样本地区农村互联网金融发展现状

项　目	选　项	户　数	所占比例
了解互联网金融信息的渠道（多选）	相关政府部门的普及	62	22.8%
	电视、报刊等媒体的宣传	126	46.3%
	亲朋好友的推荐	79	29%
	实体银行等传统金融机构的推广	40	14.7%
	自己主动上网查找信息	59	21.7%
	其他	10	3.7%
互联网金融服务的获取情况（多选）	支付宝及其衍生产品	104	38.2%
	淘宝、京东等网购应用	92	33.8%
	在线理财、互联网基金	10	3.7%
	P2P网贷	0	0.0%
	商业银行的手机客户端	64	23.5%
	未获得任何互联网金融服务	42	15.4%
参与互联网金融的情况（多选）	余额宝等互联网理财产品	84	30.9%
	P2P网贷平台	7	2.6%
	众筹平台	2	0.7%
	互联网保险、基金等产品	19	7%
	不投资	165	60.7%
	其他	2	0.7%
能接受的互联网融资风险	零风险零损失	122	44.8%
	5%以下的亏损	102	37.5%
	5%～10%的亏损	38	14%
	10%以上的亏损	10	3.7%
对互联网理财期望收益率	与实体银行存款利率相当，3%左右	35	12.9%
	略高于实体银行存款利率，3%～5%	108	39.7%
	远高于实体银行存款利率，5%～10%	86	31.6%
	想靠互联网理财赚钱，10%以上	43	15.8%

（一）农户了解互联网金融的渠道

根据表 6－6 中第一个项目的统计数据，图 6－3 直观地反映了样本地区受访农户了解互联网金融信息的主要渠道和所占比例。

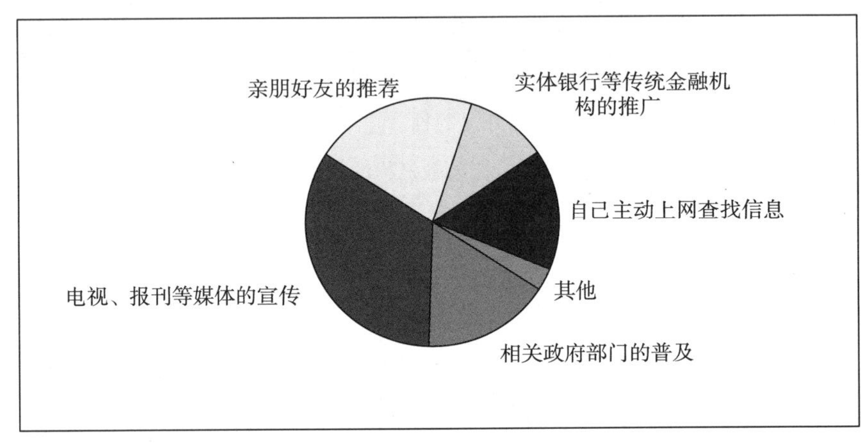

图 6－3　农户了解互联网金融信息的渠道

从图 6－3 中我们可以发现，农村地区互联网金融的普及主要是通过“亲朋好友推荐”和“媒体宣传”这两类渠道，在调查过程中选择这两项的农户占到了半数以上，而选择通过“自己主动上网查找”这一渠道来获取互联网金融信息的农户只占了 21.7%，说明大部分农户的互联网金融意识还较为淡薄，在农村地区的熟人社会中，互联网金融信息通过农户之间的互相传播显得尤为重要。另外，选择通过“实体银行等传统金融机构的推广”这一渠道的农户的占比仅为 14.7%，说明传统金融机构在农村网点下沉这方面做得仍然不够，当有金融需求时，大部分农户仍无法及时获取对应的金融服务供给。

（二）农户对互联网金融服务的获取情况

根据表 6－6 中第二个项目的统计数据，图 6－4 直观地反映了样本地区受访农户能够获取互联网金融服务和所占比例。

从图 6－4 中我们可以发现，样本地区农户主要是通过“支付宝及其衍生产品”和“淘宝、京东等网购应用”这两类渠道来获取互联网金融服务，在调查过程中选择这三项的农户占到了 60%以上，说明以阿里、京东等为代表的电商平台正在大力开拓农村互联网金融市场，

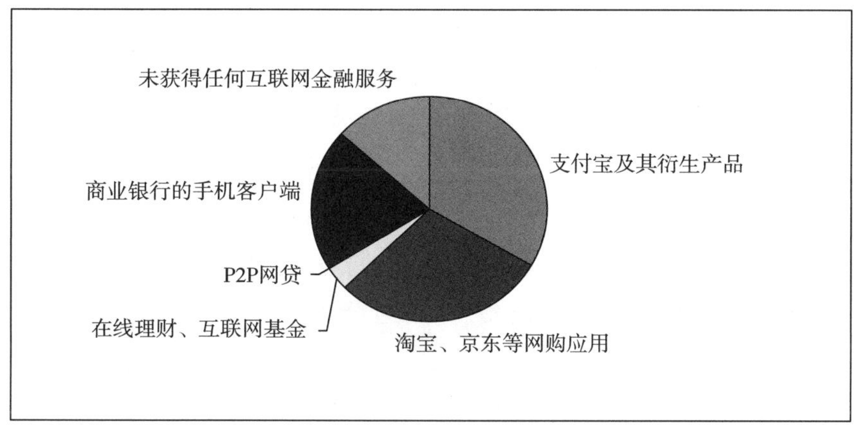

图 6-4　农户对互联网金融服务的获取情况

并且凭借其独特优势和良好口碑，在互联网金融这块已经取得了多数农户的信赖。另外，也有23.5%的受访农户选择了“商业银行手机客户端”这类渠道，这说明传统金融机构也正积极开展农村互联网金融服务，虽然很难做好农村地区的网点下沉，但通过互联网这个媒介来推广自己的金融产品也不失为一种金融创新，并且凭借其实体银行作为强大后盾，很容易做到在农村地区的普及。

（三）农户参与互联网金融的情况

根据表 6-6 中第三个项目的统计数据，图 6-5 直观地反映了样本地区受访农户参与的各类互联网金融产品和所占比例。

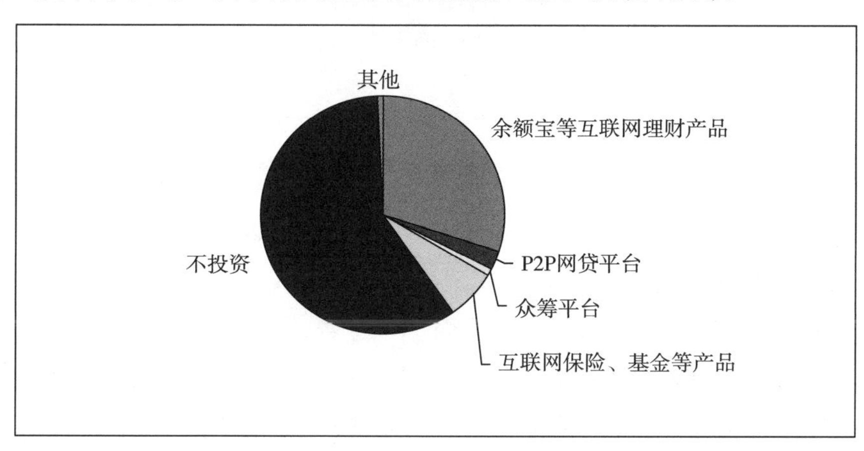

图 6-5　农户参与互联网金融的情况

结合表 6－6 和图 6－5 我们可以发现，在手头有闲置资金的受访农户中实质性参与过互联网金融的仅占了 40％，其中又有大部分是通过“余额宝等互联网理财产品”这类渠道，而购买过“互联网保险、基金等产品”参与过“P2P 网贷”和“众筹”的农户占比仅为 10％，说明农户选择参与互联网金融的方式极为单一，农村互联网金融的普及方式缺乏多元化。值得注意的是，我们发现仍然有超过 60％的农户在手头有闲置资金时选择不投资互联网金融产品，这类农户比较倾向于信赖传统金融机构的金融服务方式，这可能与受访农户的观念意识有关，年龄较大的农户在某种程度上仍无法接受这种新兴的金融服务方式。

（四）农户能承受的风险和期望收益

根据表 6－4 中第四和第五个项目的统计数据，图 6－6 和图 6－7 直观地反映了样本地区受访农户能承受的互联网金融风险和期望收益。

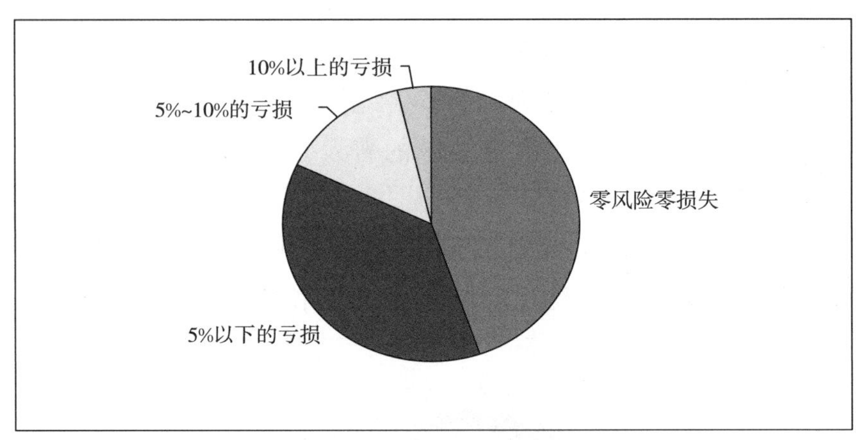

图 6－6 农户能接受的互联网金融风险

可以发现，在调查过程中回答“能承受互联网融资理财的风险”时，有接近半数的农户选择“零风险零损失”，还有接近 40％的受访农户选择只能接受“5％以下的亏损”，两者占比超过 80％。而在回答“对互联网理财的期望收益率”时，有 31.6％的受访农户选择“远高于实体银行存款利率”，更有 15.8％的农户选择“想靠互联网理财赚钱”，两者占比接近一半，这说明多数农户的期望收益要远高于其能承

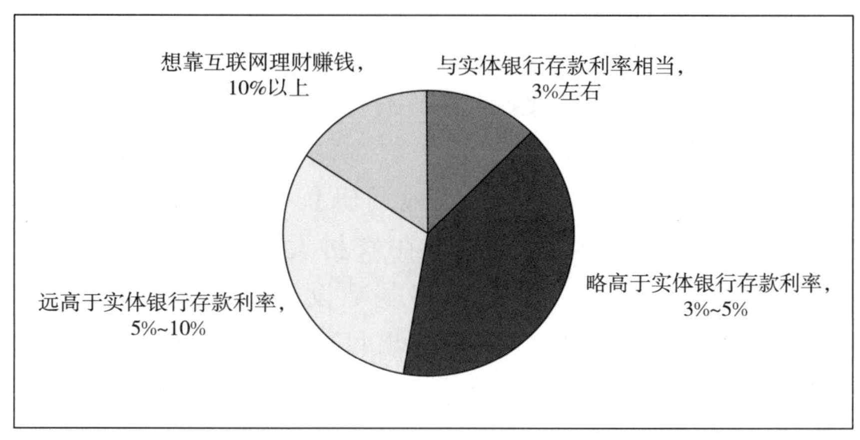

图 6－7　农户对互联网金融的期望收益率

受的风险，在参与到互联网金融中的时候，没有与实体银行等传统金融机构的业务性质区分开来，只能接受与传统金融服务相当的低风险，对互联网金融这种新兴的金融渠道仍抱有着“低风险高收益”这类不符合金融规律的想法。

综合来看，互联网金融要想真正在农村实现普及，商业化阶段是必不可少的阶段，然而现阶段来看，其商业化进程在农村短期内是很难实现的。目前，淘宝、京东等几家大的电商平台在农村的推广只是处于试水阶段，少部分涉足这个市场的网贷企业，也只是进入部分市场，仍然存在着供给主体不足、覆盖面有限、可持续发展能力尚不明确、信息安全风险大、制度保障不足等制约因素。

第四节　安徽农村互联网金融发展的制约因素

2014 年是安徽互联网金融的拐点之年，一方面，一批行业领先者正重塑发展格局；另一方面，大量中小互联网金融平台清盘、跑路、被查等屡见不鲜，同样让这个新兴行业加速洗牌。2015 年我省农村互联网金融百花齐放，从厂商直销到经销商入驻，到农资自营均有涉及，但经过一年的发展与冷静，大多农村互联网金融平台的困境也逐渐浮出水面。面对众多农民习惯赊购，以及不会上网、担心买到假货等问题，让农村互联网金融平台遇到诸多困扰，发展后劲明显不足。虽然农村互联网金融发展前景广阔，但农村金融市场的特性决定了其在农村的发展仍有许多制约因素。从实地调研获得的数据统计分析来看，在问卷中所涉及的制约互联网金融在农村发展的诸多因素中，选择“农村区域经济发展滞后”“农村网络基础设施建设不足”和“农户融资理财意识淡薄”的农户较多，反映出目前安徽省农村互联网金融市场还未能满足多数农户的金融需求，大部分农户都遇到过这些问题，具体见表 6－7 所列。

表 6－7 样本地区农村互联网金融发展的制约因素

项 目	选 项	户 数	所占比例
互联网金融在农村发展的制约因素（多选）	萌芽阶段，风险大	78	28.7%
	功能不完善，服务不到位	70	25.7%
	农村区域经济发展滞后	94	34.6%
	农村网络基础设施建设不足	83	30.5%
	农户融资理财意识淡薄	94	34.6%
	其他	5	1.80%

一、农业信息化基础设施薄弱

尽管安徽省政府对发展农业信息化与电子商务十分重视，但受财政能力所限，投入远不能满足信息需求，对比广东、浙江和江苏等省，安徽省的农业信息化基础设施建设投资额还有较大差距，各地在农业信息化基础建设中，在资金筹措上依赖上级计划投入的现象比较普遍，地方财政及部门自主投入不足，多数地区的农业信息采集、处理、分析、发布等主要靠农业部门的业务经费维系。而农业本身也缺少投资的吸引力，从而造成安徽省农业信息化基础设施建设不完备，一方面体现为农业信息网络基础设施薄弱，另一方面体现为农业基础设施的信息化建设还比较落后。

据调研统计资料显示，我省农村地区宽带普及率和电脑普及率均低于30%，多数乡村缺乏网络沟通手段，农业网站平台没有建立起来，这使得互联网金融进军农村的前期投入巨大。另外，与农村经济金融发展密切相关的很多重要数据，例如种植户的种植数据、养殖户每天买进饲料的数据、农产品交易规模的数据等，大部分都通过纸质记录保存，缺乏数字化支撑，各类互联网金融平台很难获取宝贵的第一手数据或资料，从而无法做到基于大数据的风控、征信、行业分析等。

二、农村金融市场基础薄弱

从上面的调研统计数据中，我们也可以了解到，有超过半数的农户认为“农村区域经济发展滞后”和“农户融资理财意识淡薄”是现阶段互联网金融在农村发展的两大制约因素。

（1）从微观层面上看，现阶段农村人口庞大但老龄化加剧，外出务工人员增加促使农村空心化程度持续加深，留守的农业生产者文化水平较低，农业增加值幅度有限；农户的日常开支主要以现金支付为主，消费习惯很难改变；大多数农户缺乏互联网金融相关知识和利用互联网渠道融资的意识，农户虽有信贷需求，但投资理财意识淡薄。

（2）从宏观层面上看，农村金融市场存在很多深层次问题尚未得到解决，如农村资金外流严重、信贷管理体制缺陷导致的农民贷款难问题、农村金融抑制现象严重、金融监管体制落后、农村金融生态环境亟待改善以及缺乏有效的农业风险补偿机制等，因此安徽省农村金融环境仍需改善。

三、农村征信体系缺乏

我国目前只有央行建立了一套征信系统，采集信息的来源主要是银行，远没有实现全覆盖，不少公民和组织仍处于无信用记录的状态。特别是农村地区，由于征信基础较弱，收集、整理、核准评估、查询农村信用信息比较困难，涉及征信的农村模式、农民隐私保护、涉农数据安全、信用信息的共享和交换、符合农村实际的征信产品和服务等基础工作还非常欠缺。而社会征信体系是金融机构开展业务的基础，长期以来我省农村金融都面临着征信难、抵押难的问题，而在互联网金融时代，若没有良好的征信体系，互联网金融就无法发挥其优势，进行信用评价、风险控制和金融业务创新。所以征信系统的建立称得上是最重要的互联网金融基础设施，也是制约互联网金融规模化发展的关键因素。

四、坏账率高发风险

这是一个传统金融机构和互联网金融平台都无法避免的问题。互联网金融公司利用互联网技术优势和大数据风控，收集各类数据信息，通过对“三农”客户、小微企业、个人等发放信用额度来控制坏账率，而农村传统金融机构仍然坚持非常严谨、保守的经营策略，严格信用管理，但坏账率依然较高。据调研资料统计显示，在安徽省安庆、合肥、巢湖等地达81%以上的农民认为赊销的农资能保证风险，农资出现问题可不按时偿还互联网金融平台的欠款；若农作物收成不好、销路不好，甚至家中遇到了需要花钱的事，都可以成为理由拖欠互联网金融平台的农资贷款，这就引发了坏账率高发的风险，制约了互联网金融平台在农村的发展。

五、政策监管风险

互联网金融市场日新月异，但很多监管机构的制度远远落后于市场发展速度，相关的前瞻性研究、应急反应机制和完善的监管体系建设等都存在诸多的不足。目前互联网金融刚刚进入我省农村地区，还没有完全深入进去，机构法律定位尚不明，很可能“越界”触碰法律“底线”，如果出现资金等方面的问题而无法支撑下去，政策监管就一定会强化，一些资质不是很齐全、资金实力也不是很强大的平台就会面临被关闭的风险。相对于传统金融，互联网金融刚刚兴起，尚无明确的法律依据，在一些领域呈现野蛮发展的特点。未来的政策和监管的不确定性成为这个行业的最大风险。

六、相关人才和知识的匮乏

从事农村互联网金融的人才主要来自于两个群体，一类群体是从事农业活动，通过教育培训掌握计算机和电子商务相关知识后，从事农村互联网金融；另一类群体是通过一定层次教育尤其是电子商务专业教育出来的学生转而投向农业。但目前这两类人从事农村互联网金融都存在着一定的问题。

对于长期务农的农民，由于安徽农村的教育水平一直较低，存在资金问题、观念问题，很多学校在基本设施以及师资力量上非常缺乏，农民本身受教育程度较低，思想比较保守，对新事物的接受能力也不强，无法掌握计算机的应用和电子商务的操作；稍微有知识技能的农民，都转向第二、第三产业。所以能够从事农村互联网金融的很少。对于受到一定教育尤其是掌握一定电子商务技能的学生而言，在毕业之后，宁愿留在城市发展，也不愿意回到农村。所以第二类群体愿意回到农村从事互联网金融行业的也是少之又少。

第五节 促进安徽农村互联网金融发展的政策建议

一、政府层面

（一）构建大数据征信平台等互联网金融基础设施

这里所谓的金融基础设施指的是农户征信体系、农户金融教育等中间服务。建立农户信用档案与信用评级系统可以改善农村征信水平。信息不充分往往制约了普惠金融的发展，由于金融机构无法全面获取信息，而使其需要与社交网络平台、电商平台、政府机关、村级运营代理商处取得更详尽的非结构性信息，并分析客户还款意愿。基于大数据技术的征信与信用评定的建立，有助于强化信用风险管理。通常我们在收集信息的过程中会比较关注资产、财务等客户信息，在互联网金融时代还需要拓宽客户信息分析的广度和宽度，传统金融机构往往容易形成信息孤岛模式的局限，因为时间和经验的积累，这种模式往往很难打破。这就需要各金融平台之间能形成大数据库，有需要的时候可以及时便捷地查询到客户信息，这样或可解决信息搜集困难的问题。

（二）充分发挥互联网金融的普惠功能

鼓励省内金融机构打造创新型互联网金融平台，支持符合条件的企业开展互联网金融业务、申请获得互联网金融牌照，发展总部型互联网金融，实现互联网金融业态的全覆盖。支持互联网金融企业工商注册登记、网站备案和申领增值电信业务经营许可。推动金融机构在农村地区发展移动金融服务，解决农村金融服务网点覆盖面不足的问题，创新服务“三农”的移动金融服务和产品，提升金融机构在“三农”领域的服务质量和效率。鼓励有条件的地方，对落户企业给予适当奖补，对落户企业新技术、新产品研发费用税前加计扣除。对互联网金融企业自成立之日起 10 年内所纳企业所得税省级留成部分全额返还给所在地市级财政，用于支持当地符合“双创”条件的互联网金融发展。鼓励省内各类产业发展引导基金和子基金规范投资互联网金融企业。

（三）培养农村互联网金融人才，提高农民素质

随着我省农业信息化的不断发展，对人才的需求也日益强烈，具有农业经营管理经验并掌握互联网金融知识的复合型人才，是我省农业发展的重要保证。当前要培养农村互联网金融人才，提高农民整体素质，应从以下几个方面着手。

第一，加强师资队伍的建设。农村互联网金融本身就是一种创新的模式，师资力量相对较为薄弱，很多从事电子商务教学的老师是从计算机、管理、物流等各个专业转行过来。而农业电子商务的师资力量更为欠缺。安徽省属农业大省，但高校、科研单位众多，因此更要加强农业电子商务师资队伍的建设。

第二，加强各级农业信息管理及服务人员的培训。依托农业科技远程教育网，建立起安徽省农业信息化和农业电子商务远程培训体系，加强农业部门内部以及农村信息员培训力度，提高农业信息采集、整

理、分析、传播的水平，成为连接农户和农业服务机构的纽带。

第三，加强农民相关知识的培训。在农村互联网金融中，农民是参与主体，农民信息化水平的高低和参与程度将直接影响到我省农村互联网金融的发展。可以通过加强农村互联网金融相关知识的普及宣传，让农民了解互联网金融在农业生产、经营、销售中的重要性，认识到互联网金融可以为他们的农业生产带来各种帮助；另一方面，加强农民相关技能的培养。通过开设培训班、讲座的形式，送技术下乡，让农民真正掌握相关技能。

（四）加强涉农网站建设，鼓励涉农企业参与互联网金融

第一，不断丰富与完善政府主办的农业信息网站功能，提高网站服务水平。不仅包括省级主管机构主办的农业网站，如安徽农网、安徽农业信息网等，还包括各市、县农业局主办的农业网站，如安徽星火网站等农业网站，加大农业网站工作的宣传力度，站在网站访问者的角度，持续优化网站内容，不断增强用户体验感。

第二，鼓励农业企业自建门户网站。针对有实力有需求的农业企业，采用优惠政策，帮助整合企业资源，建立门户网站，不仅要实现网站内容的及时更新，还要通过门户网站平台不断拓展商机，增进与供应商及客户的信息交流，缩短供应链，提高对市场的反应速度，疏通交易渠道及降低交易成本，提高客户满意度，从而提高企业的盈利能力。

二、企业层面

（一）创新“互联网＋农村金融”线上线下有机结合的业态模式

互联网的优势在于创新的渠道，而农村的优势就在于丰富的社会资源。可以从加强渠道建设方面着手，比如在农村各偏远地区提供足够多的自动取款机来减少人力资源的浪费，完善农村建设的服务体系，建立健全网络银行体系，帮助广大农民认识到第三方支付的优势，以及网上购物的优势。在此基础上，进一步提升农民对于信用、风险的认识，推动信用卡、网银、手机银行等的发展，进一步提升惠民利民力度。如果将这二者结合起来，打造农村“互联网＋农村金融”线上

线下有机结合的金融新形态，相信对于农村金融及经济发展会产生很大的助推力。主要可从以下两点来发展：一是关注农村电子商务平台的发展，将其与金融机构的服务结合起来；二是将合作社与金融机构联合起来，打造农村金融价值链。

（二）实施标准化生产流程，形成优质农产品

农业企业应认识到，标准化生产才是增产增收的重要手段。将标准化操作融入生产、经营、存储、运输、销售过程中去，并通过合作社的形式与农户联合，打造优质农产品，建立核心竞争力。

（三）树立客户服务理念，打造产品品牌

以客户为中心，提供优质服务。电子商务企业与传统企业相比较而言，容易忽略客户服务，由于电子商务的网络化特点，很多客户直接使用网络实现自助式服务，在操作过程中出现的各种问题若没有得到及时解决，很容易产生不满的心理。因此农业企业实施电子商务后，应从以下几个方面给顾客提供优质服务。

第一，利用 CRM 系统实现客户关系管理。CRM 是一项综合的 IT 技术，通过向企业的销售、市场、服务等部门和人员提供全面及个性化的客户资料，强化跟踪服务，提高客户满意度。

第二，采用 FAQ 技术。FAQ 是常见问题解答策略，企业通过客户调研，掌握客户在购买商品及商品使用过程中可能出现的各种问题，将这些问题以网页的形式挂在企业网站上，并附上解决问题的答案，当客户遇到类似的问题时，可以通过企业网站自行解决，使顾客感受到自助服务的乐趣。

第三，建立专门的客户服务中心。树立为客户服务的意识，给顾客提供与传统店铺一样甚至更优质的服务。

第四，建立品牌营销构架。电子商务中的消费者，选择商品更注重品牌，作为农业企业，也要充分利用网络优势，树立起属于自己的产品品牌，制订专门的营销计划，以品牌促进发展。

第七章　安徽农村普惠金融发展水平测度

发展普惠金融是指从金融的角度提升社会福利，增强社会保障，扶贫和保护弱势群体，向普罗大众提供更好、更便捷、更全面、更安全的金融服务。普惠金融强调金融普遍惠及所有群体，特别强调在贫困地区、偏远地区提供金融服务，以农民、小微企业、城市中低收入群体、老年人及残疾人为重点服务对象，这对全面建成小康社会具有重要意义。本章将重点研究安徽省普惠金融评价指标体系构建，构建一套科学、严谨、全面、可持续的评价指标体系，并且制定一套金融普惠程度衡量标准，对安徽省农村普惠金融发展水平进行测度，能够更全面客观了解安徽省整体普惠金融发展水平，以及各地区发展差距，为各地区制定普惠金融发展的政策建议提供科学依据。

第一节　普惠金融评价指标体系构建

在当今国际大力提倡发展普惠金融的大背景下，构建一套科学合理完备的评价指标体系成为亟待解决的现实问题，围绕现今已发展成熟的普惠金融内涵，我们对普惠金融评价指标体系的构建也已经有了清晰的框架。在 2016 年 1 月 16 日，我国国务院发布的《推进普惠金融发展规划 2016—2020》规划书中，已明确提出了普惠金融应从金融服务的获得情况、金融服务的使用情况、金融服务质量三个维度去评价，因而本部分试图从这三个维度构建一套适合于中国国情的普惠金融评价指标体系，详情见表 7-1 所列。

表 7－1 普惠金融评价指标体系

维度	指标		指标说明
可得情况	每万人拥有银行网点机构数		银行网点数（个）/常住人口数（万人）
	每万人拥有银行从业人员数		银行从业人员数/常住人口数（万人）
	每万人拥有 ATM 数		ATM 数量（个）/常住人口总数（万人）
	每十万人拥有 POS 机数		POS 机数量（个）/常住人口总数（十万人）
	每万人拥有保险网点机构数		保险机构网点数/常住人口数（万人）
	每万人拥有保险机构从业人员数		保险机构从业人员数/常住人口数（万人）
使用情况	支付结算情况	银行卡渗透率	剔出房地产、大宗批发等交易类型的银行卡消费金额占社会消费品零售总额的比例
		农户个人结算账户开通率	农户个人结算账户总数/农户总数
		农户网上银行开通率	农户开通网上银行农户总数
		农民工个人结算账户开通率	农民工个人结算账户数/农民工数量
		农民工网上银行开通率	农民工网上银行数/农民工数量
	信贷情况	农户户均贷款额	农户贷款总额/申贷农户总数
		农户申贷获得率	获得贷款的农户数量/农户申贷总数
		农业保险覆盖率	农业保险投保人数/农户总数
		农民工申贷获得率	获得农民工贷款户数/农民工申贷总数
		农民工人均贷款额	农民工贷款额/申贷农民工人数
		小微企业贷款户均贷款额	小微企业贷款余额（万元）/小微企业贷款户数
		小微企业申贷获得率	获得贷款的小微企业数量/申贷小微企业总数
		保险密度（元/人）	保费收入/常住人口数
		保险深度（%）	保费收入/GDP
服务质量	银行服务投诉率（%）		每年投诉银行客户数量/银行服务客户总量
	保险服务投诉率（件/亿元）		每年保险公司所接到投诉总件数/年保费数
	小微企业贷款满足度		小微企业贷款额/小微企业贷款需求额
	农户贷款满足度		农户贷款额/农户贷款需求额
	农民工贷款满足度		农民工贷款额/农民工贷款需求额
	金融知识宣传教育费用占比		金融机构对金融知识宣传教育费用支出/金融业务费用支出

本体系分为三个维度：可得情况、使用情况、服务质量。可得情况是指普惠金融服务对象对于金融产品和服务的可获得性加以统计；使用情况是指客户对于金融产品及服务的使用情况加以描述统计，其中可分为支付结算情况和信贷情况两大方面，在支付结算方面选取三个主要普惠金融对象作为代表，分别是农户、小微企业、农民工，在信贷情况方面选取了农户、小微企业、农民工作为信贷使用对象的主要代表；服务质量是指客户对于普惠金融服务质量的一种主观或客观反映。

一、可得情况维度

每万人银行网点机构数是指银行网点机构数与常住人口数之比，这一指标直接反映银行机构的供给情况，即客户对银行网点机构的可得情况。根据中国人民银行各分行、银监会、国家统计局等官方网站公布资料，全国银行网点机构密度最高的是天津市，达到 3.24（个/万人），全国平均水平为每万人拥有网点机构数 1.64（个/万人）。本节将银行网点密度指标分为以下五个层次，高水平为 2.5 以上，中高水平区间为 2.0～2.5，中等水平区间为 1.5～2.0，中低水平区间为 1.0～1.5，低水平为 1.0 以下。

每万人拥有银行从业人员数指银行从业人员总数比常住人口总数，反映客户对银行从业人员的可得情况，与每万人拥有银行网点机构数指标同理，依据中国人民银行、银监会、统计局、各省金融发展调查报告调查可得，2015 年末，全国银行业金融机构从业人员有 380 万人，上海的这一指标数据为 53.46（人/万人），北京为 60.44（人/万人），天津为 59.45（人/万人），全国平均水平为 27.64（人/万人），据此，本节设置指标标准如下：高水平 40（人/万人）以上，中高水平为 30～40（人/万人），中等水平区间为 20～30（人/万人），中低水平区间为 10～20（人/万人），低水平区间为 10（人/万人）以下。

每万人拥有 ATM 数指银行 ATM 总数与地区常住人口之比，反映普惠金融对象对于银行自助终端设备的可得情况，据中国人民银行发布《2015 支付体系运行总体情况》显示，近年来，我国 ATM 保有量年均增幅达到 20%，2014 年全国 ATM 机保有量为 61.49 万台，2015 年末达到 86.67 万台，平均每万人 ATM 保有量为 6.31（台/万人），经统计，天津市为 8.85（台/万人），设置指标标准如下：高水平为 8（台/万人）以上，中高水平区间为 7～8（台/万人），中等区间为 6～7（台/万人），中低水平区间为 5～6（台/万人），低水平为 5（台/万人）以下。

每万人拥有 POS 机数指银行 POS 机数量与常住人口数量之比，这一指标也从银行设备供给方面反映使用对象的金融设备可得情况，中国人民银行发布《2015 支付体系运行总体情况》显示，截至 2015 年末，国内联网 POS 终端机数量为 2282.1 万台，全国平均水平为每万人拥有 POS 机 16.6（台/十万人），设置该指标标准如下：高水平为 21（台/十万人），中高水平区间为 18～21（台/十万人），中等水平区间为 15～18（台/十万人），中低水平区间为 12～15（台/十万人），低水平为 12（台/十万人）以下。

每万人拥有保险机构网点数量是指银行网点机构数量与常住人口数之比，反映普惠金融另一大主体保险机构的金融供给状况。根据保监会官网、保险业协会相关资料查得，全国平均每万人拥有保险分支机构 1.13（个/万人），据此，设置该指标标准如下：高水平为 1.4（个/万人），中高水平区间为 1.2～1.4（个/万人），中等水平区间为 1.0～1.2（个/万人），中低水平区间为 0.8～1.0（个/万人），低水平为 0.8（个/万人）以下。

每万人拥有保险从业人员数是指保险网点机构数量与常住人口数之比，这里的从业人员包含保险代理人员，反映普惠金融对象对于保险从业人员的可得情况，根据保监会网站、保险协会等调查统计可得，截至 2015 年末，全国平均每万人拥有保险业从业人员数达到 42.19，结合安徽省调研实际情况，设置该指标标准如下：高水平为 60（人/万人），中高水平区间为 50～60（人/万人），中等水平区间为 40～50（人/万人），中低水平区间为 30～40（人/万人），低水平为 30（人/万人）以下。

二、使用情况维度

支付结算情况方面，以农户和农民工作为主要代表，选取 5 大指标反映普惠对象的支付结算使用情况。

银行卡渗透率越高表明用卡环境越成熟，这一指标可以总体反映客户银行卡使用情况。由中国产业信息网数据显示，2015 年全国银行卡在用发卡数量为 54.42 亿张，同比增长 10.25％，全年银行卡渗透率 47.96％，比上年上升 0.26 个百分点，上海地区银行卡渗透率接近 70％，银行卡渗透率与地区经济发达程度高度相关。综上，设置银行卡渗透率标准如下：高水平为 55％以上，中高水平区间为 50％～55％，中等水平区间为 45％～50％，中低水平区间为 40％～45％，低水平为 40％以下。

农户个人结算账户开通率，指开通个人结算账户农户总数比农户总数，直接反映农户对于银行账户的使用情况，这一指标由于各方面资料都没有统计，因而本节采用问卷调查的形式获取指标数据。根据实际调查以及综合相关资料显示，这一指标普遍较高，因而本节将这一指标的标准设置如下：高水平为 99％以上，中高水平区间为 95％～99％，中等水平区间为 91％～95％，中低水平区间为 87％～91％，低水平为 87％以下。

农户网银开通率，是指拥有网络银行的农户户数与农户总数之比，这一指标反映农户对于网络银行的使用情况，由于互联网金融的大力发展，这一指标数值日益升高，网络银行大大便捷了农户的金融使用，提升了金融普惠水平。中国金融认证中心发布的《2014 中国电子银行调查报告》显示，40％的个人网银用户拥有多个网银账户，最近一年内的网银账户主动开通率为 75％。但是网银开通率在城镇和农村存在较大差距，这一指标本节也通过问卷调查形式获取指标数据，综合实际情况和调查统计结果，联系网上相关发达地区网银使用情况，将这一指标标准构建如下：高水平为 70％以上，中高水平区间为 60％～70％，中等水平区间为 50％～60％，中低水平区间为 40％～50％，低水平为 40％以下。

农民工个人结算账户开通率，指开通个人结算账户的农民工人数与农民工总数之比，反映了农民工对于银行支付结算情况的使用，农民工作为城市低收入群体的主要代表，是金融普惠的主要对象之一，因而本节选取农民工群体作为调查对象之一，根据调查统计的实际情况，本节构建如下五层次标准：高水平为 99％以上，中高水平区间为 95％～99％，中等水平区间为 91％～95％，中低水平区间为 87％～91％，低水平为 87％以下。

农民工网银开通率，指拥有网络银行的农民工人数与农民工总数之比，反映了农民工群体对于网络金融服务的使用情况，本节结合调查实际情况以及网上相关资料显示，给这一指标设置如下层次标准：高水平为 70％以上，中高水平区间为 60％～70％，中等水平区间为 50％～60％，中低水平区间为 40％～50％，低水平为 40％以下。

信贷情况方面，以农户、小微企业、农民工三类主体选取了 9 项指标作衡量标准。

农户户均贷款额，指农户贷款总额与农户申贷总数之比，直接反映农户对于贷款的使用情况，根据《2015 年金融机构贷款投向报告》显示，2015 年末，金融机构人民币各项贷款余额 93.95 万亿元，其中，农户贷款余额 6.15 万亿元，同比增长 14.8％，又知全国农户总数为 3.99 亿户，由此可知全国农户户均贷款额为 15379 元，农户贷款占比仍较低，结合农户贷款症结之所在，以及对“十三五”期间涉农贷款发展目标，设置农户户均贷款额标准如下：高水平为 2.0 万元以上，中高水平区间为 1.6～2.0 万元，中等水平区间为 1.2～1.6 万元，中低水平区间为 0.8～1.2 万元，低水平为 0.8 万元以下。

农户申贷获得率，这一指标反映了农户贷款的覆盖情况，2016 年 1 月 15 日，中国国务院明确提出要进一步提高农户贷款获得率和满意度，银监会提出涉农贷款要做到“两个不低于”，即确保涉农贷款增量不低于上年，涉农贷款的增速不低于各项贷款平均增速。另据实际调查显示，近三年来有超过 80％的农户有过借款或贷款经历，申贷获得率为 50％左右。综合以上政策与实际调查资料，设置农户申贷获得率标准如下：高水平为 65％以上，中高水平区间为 55％～65％，中等水平区间为45%～55%，中低水平区间为35%～45%，低水平为35%以下。

农业保险覆盖率，是指农业保险投保人与农户总数之比，农业保险使用情况是普惠金融保险的重要反映，据安徽省保监局资料获悉，安徽省在农业保险领域走在全国前列，是全国第一个大宗农作物承保面积超过1亿亩的省份和第一个农业保险在全省实现全覆盖的省份。由保监会网站资料显示，截至2015年底，全省农业保险保费收入18.7亿元，居全国第5位，覆盖人群1644万户农户，支付赔款13.4亿元。又从安徽省保监局网站资料查询得安徽省2015年农业保险覆盖率为91%，综上，本节设置保险覆盖率标准如下：高水平为90%以上，中高水平区间为80%～90%，中等水平区间为70%～80%，中低水平区间为60%～70%，低水平为60%以下。

农民工人均贷款额，指农民工贷款总额与申请贷款的农民工总数之比。反映城市低收入群体对于信贷的使用情况，国务院发布文件提出推动农民工人员返乡创业，要坚持普惠性与扶持性政策相结合，并提出了农民工返乡创业可享贷款优惠，但是，农民工贷款难仍是主要现状。从国家统计局了解到，2015年安徽农民工人数达到1850.2万人，其中外出农民工人数为1320.3万人，本地农民工为529.9万人，同比增长7%。结合调查统计实际情况，设置农民工人均贷款额为高水平为3万元以上，中高水平区间为2.5～3.0万元，中等水平区间为2.0～2.5万元，中低水平为1.5～2.0万元，低水平为1.5万元以下。

农民工申贷获得率，指获得贷款的农民工人数与申请贷款农民工总数之比。目前，农民工贷款困难，首先，由于农民工没有稳定的工作，无法提供工作证明；在工资结算方式上，很多属于工资日结，根本没办法提供银行工资流水。其次，大部分工作单位并没有帮农民工缴纳社保；再次，如果没有办理过任何贷款和信用卡的话，其信用记录为零，贷款机构无法评估其贷款风险。正因以上种种不稳定因素，若农民工向银行申请信用贷款的话，其被拒绝的概率很大。农民工贷款主要通过小额信贷方式，据部分地区小额贷款中心了解到，2015年小额信贷放宽项中，农民工获取申贷笔数占总申贷数的 51.5%，考虑到我国农民工基数庞大，设置农民工申贷获得率标准如下：高水平为 60%以上，中高水平为 55%～60%，中等水平为 50%～55%，中低水平为 45%～50%，低水平为 45%以下。

小微企业户均贷款额，指小微企业贷款总额与小微企业申贷户数之比，对小微企业信贷支持是金融普惠的重要方面，为进一步改进小微企业金融服务，银监会近日发布《关于 2015 年小微企业金融服务工作的指导意见》，将银行业小微企业金融服务工作目标由“两个不低于”调整为“三个不低于”，从户数、增速、申贷获得率三个方面考察小微企业贷款情况。即小微企业贷款户数不低于上年同期户数，小微企业贷款增速不低于各项贷款平均增速，小微企业申贷获得率不低于上年同期水平。由中国人民银行相关资料调查显示 2015 年全国小微企业户均贷款金额为 289 万元，综上，本节设置小微企业户均贷款额标准如下：高水平为 300 万以上，中高水平区间为 280～300 万元，中等水平区间为 260～280 万元，中低水平区间为 240～260 万元，低水平为 240 万元以下。

小微企业申贷获得率，指获得小微企业贷款户数与申请贷款的小微企业总户数之比，由中国人民银行获悉的监管数据显示，截至 2015 年 10 月末，全国金融机构贷款余额为 85.21 万亿元，其中小微企业贷款余额达 19.78 万亿元，占比 23.22%，2015 年全国小微企业贷款户数 644 万户，户均累放金额 289 万元，各省（区、市）小微企业申贷获得率普遍超过 80%。由此，本节设置小微企业申贷获得率标准如下：高水平为 90%以上，中高水平区间为 85%～90%，中等水平区间为 80%～85%，中低水平区间为 75%～80%，低水平为 75%以下。

保险密度，指保费收入与常住人口之比，这一指标反映保险业在国民经济中的地位，也从侧面反映了国民对保险的参与程度和保险普及水平，国务院发布《关于加快发展现代保险服务业的若干意见》，提出目标是到 2020 年，保险密度达到 3500 元/人。根据保监会和各省区政府最新公布的统计数据，中国保险报数据中心初步测算出 2015 年中国大陆各省区保险密度数据显示，北京为 6468.05 元/人，上海为 4639.85 元/人，天津为 2627.58 元/人，位居全国前三，本节设置保险密度标准如下：高水平为 2500（元/人），中高水平区间为 2000～2500（元/人），中等水平区间为 1500～2000（元/人），中低水平区间为 1000～1500（元/人），低水平为 1000（元/人）以下。

保险深度，指保费收入与 GDP 之比，反映了保险业的发展情况，根据保监会和各省区政府最新公布的统计数据，中国保险报数据中心数据显示，截至 2015 年底，全国保险深度为 3.59％，同比增长 0.41％。其中，北京保险深度为 5.66％，继续稳居第一，而山西（4.58％）取代原先第二的上海（4.5％）。除山东外，其余省份的保险深度均有上升，总体而言，大部分省份保险深度都在 2％～4％之间，综上，本节设置保险深度标准如下：高水平为 4％以上，中高水平区间为 3％～4％，中等水平区间为 2％～3％，中低水平区间为 1％～2％，低水平为 1％以下。

三、服务质量维度

银行服务投诉率，指每年投诉银行客户数量与银行服务客户总量之比，是银行服务质量的直接反映，尽管近年银行业获得了快速发展，用户对银行的满意度有所提升，但服务方面的问题仍然突出。由 2015 年“3·15 银行服务调查报告”资料显示，投诉率较高的为股份制银行，国有银行和城商行次之。投诉率排名前十的银行中，平安银行投诉率最高，为 6.92％；工商银行投诉率为 6.67％，位居第二；广发银行投诉率 6.06％，位居第三；上海银行以 3.39％的投诉率排名第十。综合安徽省银行服务调查统计资料，设置银行服务投诉率标准为：高水平区间为 0～2％，中高水平区间为 2％～4％，中等水平区间为 4％～6％，中低水平区间为 6％～8％，低水平为 8％以上。

保险服务投诉率，指每年保险公司所接到投诉总件数与年保费数之比，表示每亿元保费中投诉件数，由中国保监会网站显示，截至 2015 年 12 月，保监会机关及各保监局共接收各类有效投诉总量 2802

件，同比上升 7.11%，其中，12378 热线电话投诉 2529 件，占有效投诉总量的 90.26%。其中，山东、湖北、海南、河南投诉率最高，亿元保费投诉量达到 2.5 件以上，而吉林、陕西、四川、辽宁四省投诉率最低，为 0.5 件以下，因而，本节设置保险服务投诉率标准如下：高水平区间为 0～0.5（件/亿元），中高水平区间为 0.5～1.0（件/亿元），中等水平区间为 1.0～1.5（件/亿元），中低水平区间为 1.5～2.0（件/亿元），低水平为 2.0（件/亿元）以上。

农户贷款满足度，是指农户获得贷款额与农户贷款需求额之比，根据农户信誉度、抵押物、现金流等差异，农户所获得的贷款额度必然有较大差异，大多情况下会低于自身愿望额度，因而本节结合问卷调查资料显示，设置农户贷款满足度标准如下：高水平为 90%以上，中高水平区间为 80%～90%，中等水平区间为 70%～80%，中低水平区间为 60%～70%，低水平为 60%以下。

小微企业贷款满足度，指小微企业贷款额度与小微企业贷款需求额之比，根据《2016 年小微客户贷款服务期望分析报告》显示，小微企业最青睐的贷款产品是短期的小额信用贷款，对于 100 万元额度以下的融资需求最为强烈，申贷获得率达到 80%，但是贷款满足度并不高，综合调查统计实际情况，设置小微企业贷款满足度指标如下：高水平为 80%以上，中高水平区间为 75%～80%，中等水平区间为 70%～75%，中低水平区间为 65%～70%，低水平为 65%以下。

农民工贷款满足度，指农民工贷款额与农民工贷款需求额之比，根据农民工人均贷款额和农民工申贷获得率等情况，结合调查统计的实际情况，设置农民工贷款满足度标准如下：高水平为 80%以上，中高水平区间为 75%～80%，中等水平区间为 70%～75%，中低水平区间为 65%～70%，低水平为 65%以下。

金融知识宣传教育费用占比，指金融机构对金融知识宣传教育费用支出与金融业务费用支出之比，金融知识宣传教育是金融服务质量的重要体现，结合问卷调查资料显示，设置指标标准如下：高水平为 0.5%以上，中高水平区间为 0.4%～0.5%，中等水平区间为 0.3%～0.4%，中低水平区间为 0.2%～0.3%，低水平为 0.2%以下。

第二节　安徽农村普惠金融发展水平测度分析

一、普惠金融发展调查问卷分析

（一）数据来源

本节所构建指标在遵循数据可获取的原则下，部分指标须采用问卷调查形式获取数据。

其中，每万人拥有银行网点机构数、每万人拥有银行从业人员数、每万人 ATM 数、每万人 POS 数、银行卡渗透率等指标可通过银监会网站、中国人民银行网站、《中国金融年鉴》、《中国统计年鉴》、万德数据库、地区金融办网站等渠道获取；每万人保险网点机构数、每万人保险从业人员数、保险密度、保险深度、保险服务投诉率等指标可以从保监会网站、保险业协会网站、中国保险报数据中心、地方政府官网等渠道查获。但是为方便数据处理和金融发展指数的编制，也同时采用调查样本数据进行补充。

其他指标，以小微企业、农户、农民工为代表的三类普惠对象，其相关指标数据则以问卷调查形式获取（问卷内容见附录），以下对问卷调查相关内容展开介绍。

调查对象：调查对象分为五类，即银行、保险公司、农户、小微企业、农民工。

调查区域：以安徽省为研究对象，因而本节选取了安徽省五个地级市、十个区县为调查区域，即每个地级市分别调查市区和治下两个区县。调查区域包括皖北、皖南、皖西、皖中四大区域，涵盖了金融发展程度较高的地区（如金寨、肥西）和金融欠发达地区。

调查过程：本次问卷在全省范围共实地发放了 690 份问卷，收回了 640 份，其中，有效问卷为 597 份，有效率达到 93%。每个区域至少发放了 45 份问卷，其中，银行机构、保险机构、小微企业三类主体每类至少发放 5 份问卷，农户、农民工两类主体每类至少发放 15 份问卷。调研团队一行 6 人，每 3 名成员为一小组，分别奔赴五个市级调查区域，采用实地派发各类问卷的形式，指导调查对象进行问卷填写和问卷回收。

（二）描述性统计分析

本节从三个维度共选取了 26 个指标构建了普惠金融评价指标体系，并且通过调查各项指标的资料，设置了各项指标的五层次标准。通过查阅资料和调查问卷相结合的方式获取的安徽省各项指标数据与所构建的指标标准相比对，其比对结果见表 7－2 所列。

表 7－2　安徽省普惠金融发展水平描述性统计结果

	安徽省	低水平	中低水平	中等水平	中高水平	高水平
每万人银行网点数(个/万人)	1.44	0～1.0	1.0～1.5	1.5～2.0	2.0～2.5	2.5 以上
每万人拥有银行从业人员数(个/万人)	20.43	0～10	10～20	20～30	30～40	40 以上
每万人 ATM 数(台/万人)	5.31	0～5	5～6	6～7	7～8	8 以上
每十万人 POS 数(台/十万人)	14.39	0～12	12～15	15～18	18～21	21 以上
每万人保险网点数(个/万人)	1.05	0～0.8	0.8～1.0	1.0～1.2	1.2～1.4	1.4 以上
每万人保险从业人员数(个/万人)	45.40	0～30	30～40	40～50	50～60	60 以上
银行卡渗透率(%)	43.85	0～40	40～45	45～50	50～55	55 以上
农户个人结算账户开通率(%)	93.72	0～80	80～85	85～90	90～95	95 以上
农户网上银行开通率(%)	46.05	0～40	40～50	50～60	60～70	70 以上
农民工个人结算账户开通率(%)	63.68	0～50	50～60	60～70	70～80	80 以上
农民工网上银行开通率(%)	26.94	0～30	30～40	40～50	50～60	60 以上
农户户均贷款额(万元)	1.02	0～0.8	0.8～1.2	1.2～1.6	1.6～2.0	2.0 以上
农户贷款申贷获得率(%)	47.23	0～35	35～45	45～55	55～65	65 以上
农业保险覆盖率(%)	98.02	0～60	60～70	70～80	80～90	90 以上
农民工人均贷款额(万元)	1.82	0～1.5	1.5～2.0	2.0～2.5	2.5～3.0	3 以上
农民工申贷获得率(%)	49.14	0～45	45～50	50～55	55～60	60 以上
小微企业贷款户均贷款额(十万元)	13.63	0～24	24～26	26～28	28～30	30 以上
小微企业申贷获得率(%)	94.97	0～75	75～80	80～85	85～90	90 以上
保险密度(元/人)	1145.87	0～1000	1000～1500	1500～2000	2000～2500	2500 以上

（续表）

	安徽省	低水平	中低水平	中等水平	中高水平	高水平
保险深度（%）	0.03	0～1%	1～2	2～3	3～4	4 以上
银行服务投诉次率（%）	3.42	8 以上	6～8	4～6	2～4	0～2
保险消费投诉率（件/亿元）	0.71	2.0 以上	1.5～2.0	1.0～1.5	0.5～1.0	0～0.5
农户贷款满足度（%）	69.50	0～60	60～70	70～80	80～90	90 以上
小微企业贷款满足度（%）	85.07	0～65	65～70	70～75	75～80	80 以上
农民工贷款满足度（%）	71.27	0～65	65～70	70～75	75～80	80 以上
金融知识宣传教育费用占比（%）	0.28	0～0.2	0.2～0.3	0.3～0.4	0.4～0.5	0.50 以上

由表 7－2 可知，在可得情况维度，安徽省有三项指标处于中低水平，另三项水平处于中等水平，每万人拥有银行从业人员数和每万人拥有保险网点机构数两项指标虽处于中等水平，但其数值也只是刚超过中等水平标准的界限，综上，可初步判断安徽省普惠金融在可得情况维度发展程度处于中等偏低水平。在使用情况维度，有七项指标处于中等偏低水平，两项指标处于高水平，两项指标处于中高水平，两项指标处于低水平，其中农业保险覆盖率和小微企业申贷获得率处于高水平，这是由于我省近年来对农业保险“提标扩面”，成为全国第一个大宗农作物承保面积超过一亿亩的省份和第一个农业保险在全省实现基本全覆盖的省份，并且安徽省银监局通过对辖内所有银行业金融机构实施小微企业贷款“三个不低于”考核，有效提高了小微企业申贷获得率，但是农民工网银开通率和小微企业户均贷款额指标处于低水平，综上，此维度的 14 项指标中 7 项处于中低水平，可初步判断安徽省普惠金融在使用情况维度发展程度处于中等偏低水平。在服务质量维度，有一项指标处于高水平，两项指标处于中高水平，一项指标处于中等水平，两项指标处于中等偏低水平，其中小微企业贷款满足度指标处于高水平，这可能是因为安徽省小微企业贷款需求额较发达省市低，而小微企业的高申贷获得率促使小微企业贷款满足度较高，综上，判定安徽省普惠金融在服务质量维度发展程度处于中等水平。

综合以上三个维度的发展水平，可得情况和使用情况两个维度普惠金融发展成都处于中等偏低水平，服务质量维度发展程度处于中等水平，可初步判定安徽省普惠金融发展程度应处于中等偏低水平。

二、农村普惠金融发展水平测度实证分析

（一）构建普惠金融发展指数

本节采用编制金融包容性指数（Inclsive Financial Index，以下简称 IFI 指数）的方法测度普惠金融发展水平，并采用变异系数法给各指标赋予相应权重。变异系数法是一种客观赋权法，其原理是根据指标所有对象观测值的变异程度，对其进行赋权，变异系数较大，则说明该指标在衡量对象差异方面的说服力较强，应赋予较大权重，基本步骤如下。

1. 计算各指标的变异系数

$$CV_i = \frac{S_i}{X_i}，i=1，2，3，\cdots，n \tag{7-1}$$

式中，CV_i 表示第 i 项指标变异系数，S_i 表示第 i 项指标的方差，X_i 表示第 i 项指标的平均值。

2. 计算权重

$$W_i = \frac{CV_i}{CV_1 + CV_2 + \cdots + CV_n} = \frac{CV_i}{\sum_{i=1}^{n} CV_i}，i=1，2，3，\cdots，n \tag{7-2}$$

式中，W_i 表示第 i 项指标权重。

3. 去除量纲

由于各评价指标的计量单位和经济意义不同，不具有直接可比性，故而使用线性阈值法对其进行无量纲化处理，计算公式为：

$$P_i = W_i(X_i - m_i)/(M_i - m_i)，i=1，2，3，\cdots，n$$

式中，P_i 表示第 i 个指标的无量纲测度值，W_i 表示第 i 项指标权重，X_i 是实际测度值，M_i 和 m_i 分别表示第 i 个指标的最大值和最小值。

4. 计算 IFI 指数

最后采用 n 个指标进行衡量，表示成 n 维笛卡尔空间上的点，$P=$

$(P_1, P_2, \cdots, P_n)$，$W=(W_1, W_2, \cdots, W_n)$ 表示普惠金融发展能够达到的最高水平。因此，普惠金融发展指数

$$\mathrm{IFI}=1-\frac{\sqrt{(W_1-P_1)^2+(W_2-P_2)^2+\cdots+(W_n-P_n)^2}}{\sqrt{W_1^2+W_2^2+\cdots W_n^2}} \qquad (7-3)$$

（二）实证分析

首先使用变异系数法给安徽省样本数据赋予权重，先计算各指标的方差和均值，然后计算各指标的变异系数，计算公式如下 $CV_i=\frac{S_i}{X_i}$，$i=1, 2, 3, \cdots, n$，再通过公式

$$W_i=\frac{CV_i}{CV_1+CV_2+\cdots CV_n}=\frac{CV_i}{\sum_{i=1}^{n}CV_i}, \quad i=1, 2, 3, \cdots, n \qquad (7-4)$$

计算各指标赋予权重。

在衡量各维度权重时，由于各维度之间既相互独立又存在一定递进关系，都从不同方面反映了普惠金融发展水平，因而从发展普惠金融的目的导向来看，各维度都应同样倡导，无重要性区分，本节在此默认每个维度都同等重要，各维度内指标的权重和为 1。计算结果见表 7－3 所列。

表 7－3　安徽省 2015 年普惠金融各指标权重计算结果

	均值	最大值	最小值	方差	权重
每万人银行网点数（个/万人）	1.42	1.87	1.08	0.27	13.19%
每万人拥有银行从业人员数（个/万人）	20.49	24.33	17.05	2.72	9.48%
每万人 ATM 数（台/万人）	5.18	7.31	3.19	1.30	17.39%
每十万人 POS 数（台/十万人）	14.37	19.76	11.34	2.19	10.81%
每万人保险网点数（个/万人）	1.04	2.12	0.69	0.43	28.69%
每万人保险从业人员数（个/万人）	44.57	78.65	32.58	13.04	20.43%
银行卡渗透率（%）	43.85	59.67	38.47	5.90	9.45%
农户个人结算账户开通率（%）	93.75	98.95	90.1	3.17	2.37%

（续表）

	均值	最大值	最小值	方差	权重
农户网上银行开通率（%）	47.93	55.93	39.42	4.66	7.11%
农民工个人结算账户开通率（%）	63.17	71.39	56.37	4.70	5.19%
农民工网上银行开通率（%）	28.72	30.85	22.15	3.07	8.00%
农户户均贷款额（万元）	0.83	1.3716	0.7638	0.17	11.72%
农户贷款申贷获得率（%）	44.81	55.31	40.33	3.85	5.72%
农业保险覆盖率（%）	100	100	96.3	0.97	0.70%
农民工人均贷款额（万元）	1.8357	2.4127	1.6271	0.20	7.79%
农民工申贷获得率（%）	48.8	55.13	45.33	2.66	3.80%
小微企业贷款户均贷款额（十万元）	13.18	17.33	10.78	2.22	11.44%
小微企业申贷获得率（%）	95	99.35	88.91	4.01	2.96%
保险密度（元/人）	1146	1289	1014	80.13	4.91%
保险深度（%）	0.03	0.04027	0.01927	0.01	18.82%
银行服务投诉次率（%）	3.38	3.99	2.83	0.44	20.78%
保险消费投诉率（件/亿元）	0.71	0.93	0.53	0.11	25.35%
农户贷款满足度（%）	69.52	75.45	65.23	3.40	7.84%
小微企业贷款满足度（%）	85.8	95.69	77.13	6.26	11.78%
农民工贷款满足度（%）	71.93	81.09	60.31	5.84	13.13%
金融知识宣传教育费用占比（%）	0.28	0.33	0.2	0.04	21.13%

（三）实证结果

由于各评价指标的计量单位和经济意义不同，不具有直接可比性，因而须使用线性阈值法对其进行无量纲化处理。

计算公式为：

$$P_i = W_i(X_i - m_i)/(M_i - m_i), \quad i = 1, 2, 3, \cdots, n \qquad (7-5)$$

式中，P_i 表示第 i 个指标的无量纲测度值，W_i 表示第 i 项指标权重，X_i 是实际测度值，M_i 和 m_i 分别表示第 i 个指标的最大值和最小值。根据表 7-3 的结果可计算出各指标的无量纲测度值。

根据各指标的权重、无量纲化处理值、最大值、最小值等数据，用欧式距离法计算出2015年安徽省普惠金融发展指数。

计算公式如下：

$$\mathrm{IFI}=1-\frac{\sqrt{(W_1-P_1)^2+(W_2-P_2)^2+\cdots+(W_n-P_n)^2}}{\sqrt{W_1^2+W_2^2+\cdots W_n^2}} \quad (7-6)$$

通过计算得安徽省可得情况维度IFI指数结果为0.33，使用情况维度的IFI指数结果为0.41，服务质量维度的IFI指数结果为0.50，由于各维度的权重相同，因而各维度IFI指数结果乘以三分之一得到安徽省整体金融发展指数结果为0.41。再通过同样方法，根据每一指标标准计算出相应的总发展指数标准，其中低水平区间为0～0.3173，中低水平区间为0.3173～0.4167，中等水平区间为0.4167～0.5024，中高水平区间为0.5024～0.5971，高水平区间为0.5971～1，根据安徽省普惠金融发展指数计算结果0.41，对应以上标准可知安徽普惠金融发展程度处于中低水平，且相当接近中等水平，这也验证了描述性统计的结论。

三、农村普惠金融发展水平测度结果分析

通过对安徽省普惠金融发展水平的测度分析，得出安徽省农村普惠金融发展水平整体处于中等偏低水平，以下针对这一整体结果进行详细分析，深刻剖析其原因。

（一）金融服务基础设施供给不足

从调查数据结果可看出，每万人银行网点数、每万人ATM机数、每万人POS机数三项指标均处于较低水平，直接说明银行作为金融主体之一，其基础设施供给不足，这也较大程度地影响到普惠金融测算结果，因而，金融服务基础设施供给不足是安徽金融普惠程度处于中低水平的重要原因。但同时，我们也应该考虑到安徽省是人口大省，导致以每万人来计算基础设施供给水平的分母较大，一定程度上拉低了安徽省普惠金融可得率。出现这一问题的原因可能有以下两方面，一是安徽省金融监管部门缺少政策刺激和引导，二是经济金融发展落后的历史原因导致。

针对这一现象，相关金融监管部门应出台相关政策鼓励银行保险等金融机构加快金融服务基础设施建设，确立考核机制和奖惩标准，对于这一方面表现优异的给予奖励，同时对发展落后的机构给予批评。充分发挥银行机构的金融市场主体作用，加大银行类金融机构或非银行类金融机构在欠发达地区的网点建设，增加 ATM 机或 POS 机等自助终端在落后地区的布放，继续提高农村地区涉农取款点覆盖率。鼓励保险机构在农村地区建设支农服务网点，提高农民参保投保意愿，加大保障覆盖范围，做好核保理赔等后续服务。

（二）金融服务产品供给不足

金融服务产品主要指银行、保险等金融主体针对金融普惠主要对象所提供的服务产品，如涉农贷款、涉农保险、养老保险等。究其深刻原因可能在针对普惠金融对象设计创新型金融服务产品方面有不足，由于针对金融普惠对象所设计的金融服务产品较少，农户、农民工、小微企业等普惠金融对象不易得到方便易得、使用成本低的金融服务产品，因而影响普惠金融发展水平。从农户、农民工、小微企业申贷获得率等指标偏低可看出安徽省在金融产品供给方面不足。因而需要支持银行类金融机构创新金融服务产品，拓展企业融资渠道。引导各类金融机构积极创新适合农户、小微企业、农民工、大学生等群体的可得性金融服务产品。支持银行类金融机构根据针对农户或小微企业等群体特征量身定制贷款服务产品，让农民工、大学生、农户等客户便利地获取低成本的贷款产品。支持符合条件的金融机构积极争取投贷联动试点，深入实施“税融通”业务。鼓励保险机构在落后地区大力发挥其保障作用，联系地方经济实情，开发出更多适合农民、小微企业、涉农企业等保险险种，进一步提升其保险密度和保险深度。

支持推动企业进行股份制改造，鼓励更多小微企业、涉农企业在中小板、新三板、创业板挂牌上市，通过上市融通资金。促进省区域性股权交易市场登记制度与工商部门登记制度对接，便利企业股权质押融资。扩大债券融资规模，支持小微企业、涉农企业发行企业债、公司债及中小企业私募债等债券。

（三）金融科技运用水平不足

由调查结果知，农户、农民工、小微企业等主体的网银开通率指标均处于较低水平，可看出安徽省金融科技运用水平较低，直接拉低了金融发展指数。金融科技运用水平是指银行、保险等金融机构运用大数据、云计算等新兴科技手段进行互联网金融服务，发挥互联网在金融服务中的作用，以及网络银行、手机银行等网络客户端的使用。

针对这一结果，应当积极支持引导各类金融机构运用大数据、云计算等新兴科技手段来服务金融，发挥互联网金融的作用。大力推广网络银行、手机银行等网络客户端的使用，提高用户办理业务的便利程度。同时，各类金融机构应做好网络金融风险防范工作，提高网络金融使用安全性，保障自身和用户的财产安全。

（四）普惠金融使用满足度有待提高

普惠金融使用满足度是衡量金融普惠对象对于金融服务质量的重要指标，本节的金融使用满足度主要包含农户、农民工、小微企业的贷款满足度，由调查统计结果对照衡量标准可发现，农户和农民工的贷款满足度数据均处于中等偏低位置，仍有很大进步空间。出现这一问题的原因可能有如下几点：①监管制度办法不完善；②普惠金融产品设计存在不合理；③消费者权益保护制度不完善。

面对使用满足度不高的问题，监管机构应建立健全普惠金融相关法律制度，明确各类普惠金融主体的权利义务范围，保证普惠金融发展过程中有法可依、有章可循。建立普惠金融基本制度规范，在现有“三农”相关金融服务政策的基础上，研究探索综合性普惠金融制度。加快各类金融服务主体的制度建设。在研究民间借贷相关法律法规的基础上，探索形成小额信贷公司管理办法，通过法律法规来明确小额信贷机构或组织的定位与服务范围。

对于金融服务产品本身的缺陷致使用户的使用满足度降低问题，金融机构首先应该积极处理用户反映的使用问题，做深入了解，在合理范围内进一步优化产品设计，提升用户使用感受，同时，对用户在产品使用过程中，定期进行回访，做好后续服务。

进一步完善金融消费者权益保护制度。明确各类金融服务机构在消费者权益保护方面的责任与义务。建立农民或城市低收入群体的金融服务最低标准，建立金融服务纠纷处理机制，畅通纠纷解决渠道，加大对消费者权益保护力度，形成多元化的金融消费纠纷解决机制。完善金融消费者权益保护监管制度，明确相关监管部门的执法权限与监管责任。

（五）普惠金融宣传教育力度不足

金融基础知识的宣传普及教育是体现金融服务质量的重要方面，无论是中央政府出台的普惠金融发展规划，或是地方出台的发展普惠金融的相关文件，都强调金融宣传普及教育的重要性。本书的调查结果发现安徽省 2015 年度的金融知识宣传教育费用占比 0.28%，对应相应的衡量标准处于较低水平，因而金融知识宣传教育仍需加大力度，以提升安徽省普惠金融发展水平。

针对这一问题，必须由政府主导，颁布政策措施，加强金融知识的宣传教育，培养风险防范意识。各大金融服务机构应广泛利用广播、电视、报纸、网络等媒体资源，多层次、多角度地传播金融知识。针对普惠金融各服务对象，编写通俗易懂的金融知识宣传教育手册。同时，广泛深入大学、农村、城镇社区开设金融知识宣传教育讲座，提升大家基础金融知识水平。

以新兴金融业务为重点，针对理财投资、融资担保、网络信贷等业务，深刻宣传风险防范知识，培养公众风险防范意识，让群众树立“收益自享，风险自担”的投资理念。加强对案件高发领域的信息披露与风险提示，引导消费者根据自身财务状况和风险承受能力理性选择金融服务产品。

第八章 促进安徽农村普惠金融发展的措施

普惠金融又称包容性金融体系，是能有效、全方位地为社会所有阶层和群体提供服务的金融体系。发展普惠金融的实质就是通过基本金融服务，运用金融手段，促进就业创业、改善民生，促进共同富裕，实现经济社会协调发展。近年来，安徽省金融业取得了长足发展，在发展普惠金融方面也是成效显著。普惠金融不但在解决“三农”问题、支持中小微企业发展、促进全民创业等方面积累了经验，而且在引导产业结构调整、推进区域协调发展等方面发挥了重要作用。但是安徽省金融业的总体发展水平、普惠金融的发展水平还远远落后于东部发达省份，因此壮大金融业，特别是大力发展普惠金融尤为紧迫。当前，在国家倡导和支持普惠金融体系建设的背景下，发展普惠金融迎来了难得机遇。因此，提出以下几点建议。

一、建立健全普惠金融组织体系

一是进一步加大对村镇银行、投资公司以及担保公司等为农村地区以及中小微企业服务的金融机构的支持力度，在政策上予以支持和规范，提升其服务特定客户的积极性和能力。二是整合中央支持发展普惠金融的政策，培育适应农村地区和面向中小微企业服务的适度竞争的金融主体，逐步建立健全覆盖广、层次多的可持续发展的普惠金融体系。三是大力发展“草根金融”，适度调整和放宽市场准入政策，下放审批权限，支持村镇银行、社区银行、小额信贷、信用合作社、资金互助社、融资租赁等小型金融机构发展，吸纳与盘活民间资金，引导民间资金远离非法金融活动。

二、鼓励金融创新，完善金融监管

一是鼓励互联网企业和金融机构利用互联网技术创新金融服务方式，满足各阶层社会消费者特别是弱势群体的不同金融服务需求，为规范的创新和发展提供空间。二是从防范金融风险和维护相关金融活动的主体合法权益两个方面出发，切实加大金融监管力度，特别是要注重技术安全、信息不对称及流动性管理方面加强对金融风险的防范和监管。三是加快推广建立信用档案制度，由政府主导建立完善个人与企业信用信息基础数据库，有效解决金融机构和客户之间的信息不对称问题，为发展普惠金融奠定基础。

三、完善相关金融配套措施

一是除省政府出台相关地方政策法规措施外，还要引导各地市政府积极优化改进经济社会发展的薄弱环节与重要民生领域的金融服务条件。二是运用好中央财政农村金融机构定向费用补贴等政策，引导地方财政实行进一步的营业税、所得税减免优惠政策，扩大定向补贴、政策优惠的受益面，引导金融服务向空白地区、薄弱领域延伸发展。三是给予小额信贷以自主定价权，以利率降解风险，促进小额贷款机构财务的可续性，逐步降低对小额贷款机构的行政干预，推动小额贷款机构走商业化可持续发展之路提升自我造血功能。

四、加强对发展普惠金融的理论与实务探讨研究

一是要结合深化金融体制改革，研究政策性、商业性和合作性金融的融合发展问题，在总体上提出构建多层次、多样化、适度竞争的普惠金融体系蓝图。二是进行差别化监管政策研究，探索“宽严相济”的差异化监管机制，在注册资本、存款准备金率、担保要求以及担保范围等方面适度放宽条件，为引导普惠金融服务发展扫清道路。三是开展优化普惠金融生态环境，着重从构建普惠金融统计指标体系以及与经济社会相关的评价指标体系、特定行政区域范围内信用评价体系等方面探索普惠金融生态环境优化问题，既客观公正地评判普惠金融

对地区经济社会发展的贡献，又指导建设覆盖完整的社会信用体系以支撑普惠金融的健康发展。

五、大力培养农村普惠金融人才

国务院关于推进普惠金融发展目标是：到 2020 年，建立与全面建成小康社会相适应的普惠金融服务和保障体系，有效提高金融服务可得性，明显增强人民群众对金融服务的获得感，显著提升金融服务满意度，满足人民群众日益增长的金融服务需求，特别是要让小微企业、农民、城镇低收入人群、贫困人群和残疾人、老年人等及时获取价格合理、便捷安全的金融服务，使我国普惠金融发展水平居于国际中上游水平。目前安徽省普惠金融发展水平不高，很大程度也是因为农村普惠金融人才缺乏。生产力的“三要素”中，人是最能动、最活跃、最根本的因素，要解放和发展生产力就必须不断提高劳动者的素质，不断提高劳动者的身体素质、科学文化知识、思想道德品质。因此，要引进和培养各类普惠金融专业人才，进一步提高普惠金融机构从业人员素质，打造一支高素质的专业人才队伍，以促进安徽省普惠金融的发展。

六、加强农村金融基础设施和交通基础设施的建设

促进安徽省农村普惠金融发展，还需要进一步促进安徽省农村普惠金融机构的多元化，积极引导民间资本参与到农村普惠金融发展中来。要积极推动基础金融服务向行政村延伸，更好地满足农村普通农户的金融需求。安徽省现有农村金融机构应该不断创新普惠金融产品和业务，创新信贷担保方式，降低金融准入门槛，满足农村弱势群体金融服务需求，提高普惠金融服务水平。与此同时，应加大农村交通基础设施建设，为更广泛的农村人群接触金融机构、金融服务提供便利。

好金融并不排斥高端金融，比如私人银行、财富管理，但好金融的特征是让每一个社会公民都有机会享受到金融服务。普惠金融成为好金融的重要方面。普惠金融强调金融服务的公平性和包容性，重点

就是如何将金融服务覆盖到社会的中下层，包括企业和个人。当前宏观经济面临的消费不足，很大程度上与占人口大多数的家庭缺乏有效消费能力相关。有关专家指出，在提高穷人收入水平的同时，通过金融手段提高穷人的消费能力显得更为及时更为简便。当前，安徽省正在加快建设创新型经济强省、文化强省、生态强省，确保如期全面建成小康社会，奋力开创美好安徽建设新局面，安徽省农村普惠金融有着重要的发展价值和广阔的发展空间。

附录　安徽普惠金融发展状况调查问卷

您好！本次问卷调查旨在了解和掌握安徽省农村普惠金融发展状况，为做好农村普惠金融服务工作提供依据和参考，同时也为安徽省农村普惠金融相关研究获得第一手材料。请您协助填写以下问卷，衷心感谢您的支持与合作！对此次活动给您带来的不便，我们深表歉意。本调查只作为统计分析样本，我们承诺问卷所涉及的相关信息将予以保密！本问卷调查绝大部分是填空和选择题，请您根据题意填写、选择（单选或多选）。您的如实作答对于客观反映农村普惠金融发展状况非常重要，期待您的真诚合作。

第一部分　银行机构调查问卷

营业地址：
公司名称：

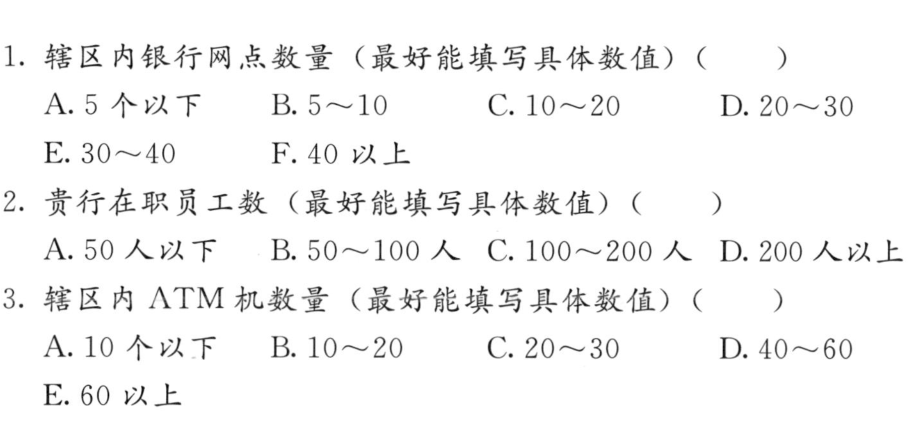

1. 辖区内银行网点数量（最好能填写具体数值）（　　）
   A. 5 个以下　B. 5～10　C. 10～20　D. 20～30
   E. 30～40　F. 40 以上
2. 贵行在职员工数（最好能填写具体数值）（　　）
   A. 50 人以下　B. 50～100 人　C. 100～200 人　D. 200 人以上
3. 辖区内 ATM 机数量（最好能填写具体数值）（　　）
   A. 10 个以下　B. 10～20　C. 20～30　D. 40～60
   E. 60 以上
4. 辖区内 POS 机数量（最好能填写具体数值）（　　）

A. 50 以下 B. 50～100 C. 100～150 D. 150～200
E. 200～250 F. 250～300 G. 300 以上

5. 贵行 2015 年剔出房地产、大宗批发等交易类型的银行卡消费金额为多少？（ ）
A. 5 亿元以下 B. 5～10 亿元 C. 10～15 亿元 D. 15～20 亿元
E. 20 亿元以上

6. 贵行建立个人信用的档案数量有多少？（ ）
A. 50 份 B. 50～100 份 C. 100～200 份 D. 200～500 份
E. 500～1000 份 E. 1000 份以上

7. 贵行建立企业信用的档案数量有多少？（ ）
A. 0～10 份 B. 10～20 份 C. 20～50 份 D. 50～100 份
E. 100～150 份 E. 150～200 份 F. 200 份以上

8. 贵行 2015 年接到相关金融投诉的次数是多少？（ ）
A. 0～5 次 B. 5～10 次 C. 10～15 次 D. 15 次以上

9. 贵行 2015 年金融宣传教育投入费用占金融业务费用支出的比例是多少？（ ）
A. 5%以下 B. 5%～10% C. 10%～15% D. 15%以上

第二部分 保险机构调查问卷

营业地址：
公司名称：

1. 辖区内贵公司网点数量（最好能填写具体数值）（ ）
A. 3 家以内 B. 3～5 家 C. 5～7 家 D. 7 家以上

2. 辖区内贵公司从业人员数量（最好能填写具体数值）（ ）
A. 50 人以下 B. 50～100 人 C. 100～150 人 D. 150～200 人
E. 200 人以上

3. 辖区内贵公司截至 2015 年商业保险投保人数量（ ）

A. 5 万以内　B. 5～10 万　C. 10～15 万　D. 15～20 万
E. 20 万以上

4. 辖区内贵公司截至 2015 年所售商业养老保险数量(　　)
A. 2 万份以内　B. 2～4 万份　C. 4～6 万份　D. 6 万份以上

5. 贵公司 2015 年接到保险服务投诉次数(　　)
A. 0～10 次　B. 10～20 次　C. 20～30 次　D. 30～40 次
E. 40 次以上

第三部分　农户调查问卷

家庭住址：
贵户有几口人：

1. 贵户银行个人结算账户数（最好能填写具体数值）(　　)
A. 0 个　B. 1 个　C. 2 个　D. 3 个
E. 3 个以上

2. 贵户银行卡持有情况（最好能填写具体数值）(　　)
A. 0 个　B. 1 个　C. 2 个　D. 3 个
E. 3 个以上

3. 如果有银行卡，您开通了网上银行或手机银行业务吗？(　　)
A. 开通了　B. 没有开通

4. 2015 年您获得过银行信贷（包含助学贷款）吗？(　　)
A. 有　B. 没有

5. 如果您获得了贷款，您的贷款额是多少？(　　)
A. 0～5000 元　B. 5000～10000 元
C. 10000～20000 元　D. 20000～50000 元
E. 5 万以上

6. 您对银行贷款需求额为(　　)
A. 0～5000 元　B. 5000～10000 元

C. 10000～20000 元　　D. 20000～50000 元
E. 5 万以上

7. 截至目前，您购买过农业保险吗？（　　）
A. 有　　B. 没有

8. 您对银行服务满意度(　　)
A. 差评　　B. 基本满意　　C. 满意　　D. 非常满意

9. 您对保险公司服务的满意度(　　)
A. 差评　　B. 基本满意　　C. 满意　　D. 非常满意

第四部分　农民工调查问卷

务工住址：

1. 请问您银行个人结算账户数（最好能填写具体数值）（　　）
A. 0 个　　B. 1 个　　C. 2 个　　D. 3 个
E. 3 个以上

2. 请问您银行卡持有数量（最好能填写具体数值）（　　）
A. 0 个　　B. 1 个　　C. 2 个　　D. 3 个
E. 3 个以上

3. 如果有银行卡，您开通了网上银行或手机银行业务吗？（　　）
A. 开通了　　B. 没有开通

4. 2015 年您获得过银行信贷（包含助学贷款）吗？（　　）
A. 有　　B. 没有

5. 如果您获得了贷款，您的贷款额是多少？（　　）
A. 0～5000 元　　B. 5000～10000 元
C. 10000～20000 元　　D. 20000～50000 元
E. 5 万以上

6. 您对银行贷款需求额为(　　)
A. 0～5000 元　　B. 5000～10000 元

C. 10000～20000 元　　D. 20000～50000 元

E. 5 万以上

7. 您对银行服务满意度(　　)

A. 差评　B. 基本满意　C. 满意　D. 非常满意

8. 您对保险公司服务的满意度(　　)

A. 差评　B. 基本满意　C. 满意　D. 非常满意

第五部分　小微企业调查问卷

公司营业地址：

1. 贵企业所属行业(　　)

A. 农林牧渔业　　B. 采矿业

C. 制造业　　D. 建筑业

E. 批发和零售业　　F. 住宿餐饮业

G. 金融业　　H. 房地产业

I. 租赁和商务服务业　　J. 交通运输、仓储和邮政业

K. 信息传输、计算机服务和软件业

L. 科学研究、技术服务和地质勘查业

M. 电力、燃气及水的生产和供应业

N. 其他行业

2. 2015 年贵企业是否向金融机构申请贷款(　　)

A. 是　　B. 否

3. 如果申请贷款，是否获得贷款(　　)

A. 是　　B. 否

4. 2015 年贵企业贷款总量(　　)

A. 10 万元以下　　B. 10～20 万元

C. 20～30 万元　　D. 30～40 万元

E. 40～50 万元　　F. 50～100 万元

G. 100～200 万元　　　　H. 200 万元以上

5. 贵企业对银行贷款的需求量为(　　)

A. 5 万以下　　B. 5～10 万　　C. 10～20 万　　D. 20～50 万

E. 50 万以上

6. 贵公司对当地银行服务的满意度如何？(　　)

A. 差评　　B. 基本满意　　C. 满意　　D. 非常满意

7. 贵公司对当地保险机构服务的满意度如何？(　　)

A. 差评　　B. 基本满意　　C. 满意　　D. 非常满意

参 考 文 献

[1] 王静，霍学喜，周宗放．农民专业合作组织模式下农户融资担保机制研究[J]. 农村经济，2011，01：78 - 81.

[2] 马永强．中国农户融资现状与民间借贷偏好分析——来自全国农户借贷调查问卷[J]. 经济学家，2011，06：28 - 37.

[3] 陈鹏，刘锡良．中国农户融资选择意愿研究——来自10省2万家农户借贷调查的证据[J]. 金融研究，2011，07：128 - 141.

[4] 张三峰，王非，贾愚．信用评级对农户融资渠道选择意愿的影响——基于10省（区）农户信贷调查数据的分析[J]. 中国农村经济，2013，07：72 - 84.

[5] 高连和．构建农户融资保障新机制的理论探讨[J]. 理论探讨，2006，01：18 - 20.

[6] 熊建国．中国农户融资的现状分析与民间金融——来自江西省上饶市的个案调查与思考[J]. 中国农村经济，2006，03：59 - 62+69.

[7] 孟全省．我国农户房屋抵押贷款融资方式的探讨[J]. 农业经济问题，2006，11：62 - 65.

[8] 王静，吴海霞，霍学喜．信贷约束、农户融资困境及金融排斥影响因素分析[J]. 西北农林科技大学学报：社会科学版，2014，03：62 - 70+75.

[9] 王佳楣，罗剑朝，张珩．西部地区农户融资偏好的灰靶决策分析——基于陕西省334个样本农户的调查[J]. 当代经济科学，2014，03：54 - 63+125 - 126.

[10] 丁志国，徐德财，覃朝晖．被动选择还是主观偏好：农户融资为何更加倾向民间渠道[J]. 农业技术经济，2014，11：52 - 64.

[11] 胡士华，武晨笛，许静林．基于贷款监督技术的农户融资机制研究[J]. 农业技术经济，2012，11：10 - 18.

[12] 赵学军．信用担保制度的变迁与农户融资的困境——兼论农村金融体系建设中担保体系建设优先性[J]. 中国经济史研究，2014，04：129 - 140.

[13] 孙志红．农户融资投向、农业风险与微型金融发展[J]. 福建师范大学学报：哲学社会科学版，2015，03：18 - 24+167.

[14] 邵传林，邵姝静．小农命题在农户融资中的应用及其引申[J]. 首都经济贸易大学学报，2015，03：31 - 36.

[15] 许月丽，王飞．二元转型、正规金融合约激励设计与农户融资约束[J]. 财经研究，2015，05：4 - 13+101.

[16] 黎翠梅，刘艳丽，陈宇佳．农户融资对其收入影响的实证分析——基于长沙县农户的调查数据[J]. 西安财经学院学报，2015，04：13 - 18.

[17] 罗荷花，李明贤，曹艺馨．我国农户融资需求及其融资可获得性的影响因素分析[J]. 农村经济，2015，08：52－57.

[18] 周明栋．农村改革发展进程中社会资本对农户融资的影响——以农户信用贷款为例[J]. 西南金融，2015，11：58－63.

[19] 梁红卫．发展农民专业合作社　打破农户融资困境[J]. 经济纵横，2009，05：76－78.

[20] 刘卫锋．基于农户融资需求视角的农村金融制度创新研究[J]. 经济纵横，2009，02：93－95.

[21] 钱水土，刘芸．融资需求视角下的农户金融行为——以浙江省为例[J]. 农村经济，2010，03：3－5.

[22] 邓俊淼．农民专业合作组织推动农户融资模式研究——基于河南省社旗“农民专业合作社＋农村信用社”模式的考察[J]. 农村经济，2010，09：58－61.

[23] 洪正，王万峰，周铁海．道德风险、监督结构与农村融资机制设计——兼论我国农村金融体系改革[J]. 金融研究，2010，06：189－206.

[24] 谢玉梅．国外小额信贷发展对我国的启示[J]. 经济问题，2007，05：85－87.

[25] 黄火生，温智良．对现行农户小额信用贷款的调查与思考[J]. 武汉金融，2007，05：54－55.

[26] 吴量亮．小微企业迎政策利好[N]. 安徽日报，2015－04－10.

[27] 章振管．金融创新破解中小微企业融资难的探讨——结合柳州市区农村信用合作联社金融创新实践[J]. 区域金融研究，2015（6）．

[28] C K Prhalad. The Fortune at the Bottom of the Pyramid [M]. Wharton school publishing har/cdr edition，2004.

[29] 马向荣．我国农村小额人身保险的特点、问题及发展路径[J]. 西南金融，2016，02：48－52.

[30] 庹国柱．“政策性农业保险”是一个科学的概念[J]. 保险研究，2011（8）：2－5.

[31] 李情民，丁少群．安徽农业保险发展研究[J]. 大众科技，2015（191）：162－165.

图书在版编目（CIP）数据

安徽农村普惠金融发展研究报告 2017/张庆亮，任森春，王刚贞等著．—合肥：合肥工业大学出版社，2017.4

ISBN 978-7-5650-3300-1

Ⅰ.①安… Ⅱ.①张…②任…③王… Ⅲ.①农村金融—研究报告—安徽 Ⅳ.①FB832.35

中国版本图书馆 CIP 数据核字（2017）第 053180 号

安徽农村普惠金融发展研究报告 2017

张庆亮　任森春　王刚贞　等著　　　　责任编辑　陆向军　刘　露

出　版	合肥工业大学出版社	版　次	2017 年 4 月第 1 版
地　址	合肥市屯溪路 193 号	印　次	2017 年 4 月第 1 次印刷
邮　编	230009	开　本	710 毫米×1010 毫米　1/16
电　话	综合编辑部：0551-62903028	印　张	12.75
	市场营销部：0551-62903198	字　数	170 千字
网　址	www.hfutpress.com.cn	印　刷	安徽联众印刷有限公司
E-mail	hfutpress@163.com	发　行	全国新华书店

ISBN 978-7-5650-3300-1　　　　定价：37.00 元

如果有影响阅读的印装质量问题，请与出版社市场营销部联系调换。